삶으로 다시 날아오르기

＊ 본문의 각주는 모두 옮긴이 주이다.

Die kleine Kunst der Lebensfreude

빌헬름 슈미트 지음 | 강민경 옮김

삶으로 다시 날아오르기

Schaukeln

FIKA

우리는 정해진 목적지 없이 이리저리 돌아다니고 있었다. 가까운 곳으로 나들이를 가고 싶다는 딸의 생일 소원권 덕분에 모처럼 온 가족이 나와 정처 없이 유영하고 있었다.

공원을 거닐던 우리 앞에 마치 선물처럼, 갑자기 놀이터가 나타났고, 다 큰 딸이 큰 소리로 외쳤다.

"그네다!"

눈앞에 그네가 있었다. 비가 조금 온 뒤 말끔히 갠

화창한 날이었다. 그네는 멋들어진 풍경화의 한 장면처럼 그곳에 있었다. 굵직한 기둥에 두 개의 그네가 나란히 매달려 있었다. 그네는 산들바람에 가볍게 흔들리며, 마치 "어서 와서 앉아봐!"라고 말하는 것 같았다.

우리는 누가 먼저랄 것 없이 달려가 그네를 탔다. 재미있었다. 얼마 만에 그네를 탄 것일까. 아이가 어렸을 때는 함께 자주 탔던 것 같은데…. 아이가 큰 후로는 정말 오랜만이었다.

그네에 몸을 맡긴 채 흔들리면서 문득 생각했다. '이 그네라는 것이야말로 우리 삶에 필요한 게 아닌가?' 계속해서 움직이며 활력을 불어넣어 우리가 가만히 멈춰 있지 못하도록 하는 점이 그렇다. 삶 전체를 앞뒤로 왔다 갔다 흔들리는 그네와 비교하면, 웬만한 건 이해할 수 있지 않을까?

살면서 경험하는 역경과 세상의 수많은 요구 사항에 지쳐서 조금이나마 에너지를 회복하기 위해 집에

틀어박혀 있다가도, 얼마 안 돼 집이라는 답답한 공간에서 벗어나려고 다시 세상으로 나가는, 아이러니한 우리의 삶이 그네의 움직임과 비슷하지 않은가?

매일 마주하며 변화가 없는 가족과 가끔 마주하며 변화무쌍한 친구, 동료 등의 사이를 오가는 일도 마찬가지다. 모든 관계는 즐거움과 의견의 일치, 피할 수 없는 갈등과 때때로 발생하는 의견의 불일치 사이에서 균형을 잡아야 한다.

여행을 떠나면 익숙한 일상에서 멀어져 설레는 기분을 맛볼 수 있지만, 결국은 일상으로 다시 돌아와야 한다. 이렇듯 삶은 서로 반대되는 것들의 사이를 수없이 오가고 반복한다.

이런 생각 때문이었을까. 앞뒤로 힘차게 움직이는 그네가 어떻게 삶을 향한 태도와 연결될 수 있는지 글로 남기고 싶었다. 며칠을 고민하고 아내에게 이야기했다. 곁에서 본 아내는 이미 오랫동안 그네처럼 살아오고 있었다. 나의 이야기에 아내는 아주 좋은 생각이라고 했다. 그리고 내려오는 그네를 맞이하라는 듯 충격적인 소식을 전했다.

아내는 식도암이라고 했다. 내가 새로운 글 주제를 발견해서 신나 있는 동안, 아내는 병원에서 식도암 진단을 듣고 돌아온 참이었다. 이미 병이 꽤 진행된 상태였다. 완치 가능한 수준이 아니었고, 오로지 고통을 완화하거나 연명 치료를 하는 것이 고작이라고 했다. 순식간에 세상이 뒤집혔다.

아내는 침착하게 받아들였다. 아주 차분한 상태였다. 반면 나는 당황을 감출 길이 없었다. 매 초마다 삶의 기쁨이 지워지고 사라지는 기분이었다. 그때 처음 알았다. 살면서 쌓아둔 행복과 즐거움이 꽤나 많았다는 걸.

팔다리가, 모든 감정이, 생각이 납덩이처럼 무거워졌다. 숨 쉬는 것도 힘들었다. 서로 마주 보고 하하호호 웃으며 앞으로의 인생을 함께 걸어갈 다른 부부들을 보면 질투가 났다. 왜 우리는 더 이상 그러지 못하는 걸까? 상황이 이러한데 인생이니 뭐니 하는 글을 쓰는 게 무슨 소용일까? 모든 게 허무했다. 하지만 아내는 손 놓고 있는 나를 북돋았다. 계속 글을 쓰라고 했다.

"당신이 글을 써야, 날 도와줄 수 있어."

그 후 몇 주 동안 병원을 오가며 정밀검사를 받고 진단 결과를 들었다. 현실은 변하지 않았다. 그것이 진짜이고 현실이라는 게 도무지 믿기지 않았다. 앞으로 어쩌면 좋을지도 알 수 없었다. 아내는 방사선 요법과 화학 요법 그리고 수술을 받았다. 힘겨운 과정이었지만 이겨냈다.

나는 우리의 세상이 행복으로 가득했을 때 보았던, 앞으로 닥칠 일을 전혀 모르고 있던 때 보았던 그네를 떠올렸다. 절벽 끄트머리까지 떠밀린 삶을 그네로 치환하여 생각하자 어쩐지 마음이 한결 나아졌다. 어쨌든 우리는 이 괴로운 삶 속에서도 그네처럼 앞뒤로 움직일 테니 말이다.

삶이 우리에게 주는 여러 시련 사이에는 힘을 회복할 수 있는 평화로운 순간이 있다. 우리는 운명이 내미는, 더 이상 가라앉힐 수 없는 불안을 받아들이기도 하고, 영감의 원천이 되는 아름다운 것에서 기쁨을 얻기도 한다. 서로를 위해 존재하기도 하고, 부담을 느끼기도 하고, 그러다가 타인의 존재 그 자체로부터 위안을 얻기도 한다. 절망에 빠져 자포자기하다가도 힘이 되는 사람들과 함께하며 용기를 얻는다.

자신이 원하는 방식대로 꾸려나갈 수 있는 삶은 극히 일부분이다. 아니, 정확히 말하면 그런 삶은 없다. 삶의 대부분은 나의 의지나 계획과는 다르게 흘러간다. 어쩌면 그래서 인생이 더욱 아름다운 것이리라. 그러한 순간도, 어려운 순간도 잘 헤쳐나가는 것이 결국 삶의 기술이다.

삶은 그네다. 모든 것은 그네처럼 앞뒤로 움직인다. 그래서 흥미진진하고, 기대하게 한다. 늘 똑같아 보이지만, 결코 똑같지 않다. 안정적이다가도 갑자기 불안해지고, 삶의 주도권을 쥔 것 같으면서도 그렇지 않다. 자신감이 넘치다가도 스스로에 대한 의심이 쑥쑥 자란다. 소외감을 견디지 못해 주변 사람들에게 가까이 다가가다가도 나 자신을 돌아보기 위해 그들과 거리를 둔다.

그렇게 나 자신만 생각하다 보면 또 함께하는 삶이 무엇인지 새로이 깨닫는다. 개인적인 시간을 원하면서도 함께하는 삶을 공유할 시간이 필요하고, 조용히 지내고 싶어 한적한 곳을 굳이 찾아갔다가도 곧 시끌벅적함이 그리워 도시로 돌아온다. 그렇게 우리는 왔다 갔다 그네를 타듯이 움직인다. 삶이 단 한 순간도 쉼 없이 흐르는 것이라면, 다시 숨을 고르기 위해서는 냉철함이 필요하다.

우리의 삶이 그네처럼 앞뒤로 진자 운동을 한다는 사실을 이해하고 받아들이는 것이 인생을 즐기는, 제대로 사는 기술의 전제 조건이다. 애초에 이런 기술을 가지고 태어났다면 도움이야 되겠지만, 여느 기술이 그렇듯이 가장 중요한 건 '연습'이다.

인생을 즐기고, 제대로 사는 기술을 연습하는 사람들의 삶은, 객관적으로 의미가 있든 없든 그 자신에게는 의미로 가득하다. 물론 삶을 의미 없다고 여기는 사람들도 인생을 즐길 수 있다. 단, 인생을 '계속해서' 즐길 수 있을까 기대한다면, 그 기대는 버리는 게 좋다. 인생이 언제나 즐겁다는 건 환상일 뿐이다.

힘들게 노력할 때만 회복할 시간이 필요한 게 아니다. 즐겁고 기쁠 때도 그 강렬함을 되찾기 위해 잠시 쉬어갈 시간이 필요하다. 그렇지 않으면 기쁨도 곧 진부함으로 변한다.

그런데 한 가지 의문이 든다. 어려운 시기에도 인생을 '즐겨야' 하는 걸까? 인생은 어렵기만 한데, 그렇다면 대체 언제 즐겨야 하는가? 이 모든 삶의 기술을 체득할 힘은 어디에서 오는가?

내 삶의 행운이었던 아내 덕분에 나는 통찰력을 얻을 수 있었다. 아내에게 인생을 즐긴다는 건 서로 반대되는 측면을 모두 포괄하여 받아들이는 일이었다. 나는 아내가 당연시하던 것들을 배워야 했다. 부부 싸움이라도 벌어질라치면 나는 우리 관계에 미세한 금이라도 갈까 봐 지레 겁을 먹고 먼저 백기를 들었다. 한편, 아내는 우리 사이가 당연히 좋아질 것이라 확신하며 관계 개선을 위해 노력을 아끼지 않았다.

아내의 건강에 문제가 생겼을 때도 크게 다르지 않았다. 병에 걸린 걸 안 이후에도 아내가 느끼는 삶의 즐거움은 변하지 않았다. 세상이 점점 흉흉해지고, 팬데믹이 발생했을 때도 마찬가지였다. 아내에게 그 모든 건 그저 오고 가고 스치는 배경일 뿐이었다.

나는 아내와는 조금 달랐다. 삶이 힘들게 할 때마다 나는 버둥거렸다. 힘든 시기에 나에게 힘이 된 존재는 매일 찾아갔던 호수의 부드러운 물결이었다. 가만히 고요한 호수를 보고 있으면, 호수의 물결 따라 나도 같이 잔잔하게 흐를 수 있었다. 물결이 생각을 정리해 주었고, 감정의 균형을 잡아주었다. 호수는 그저 그곳에 있을 뿐이었다. 그게 다였다.

　이 책은 마지막 희망이 고통스러운 불확실성과 더욱 고통스러운 확실성으로 바뀌었을 때 탄생했다. 아내의 삶에 마지막 순간이 다가올 무렵, 그곳에서 나는 눈물을 흘렸다.

　이 세상에서 가장 사랑하는 존재가 사라진다는 건 말로 표현할 수 없을 정도로 고통스러운 일이다. 하지만 그때도 나는 호숫가에서 위안과 낙관적인 생각을 얻었고, 다시 인생이라는 그네에 오르는 법을 배웠다. 즉 끝없는 슬픔과 일상의 틀을 구성하는 실질적이고 계속되는 삶 사이에서 다시 인생이라는 그네를 타는 법을 배운 것이다.

　아내와 함께 오랜 시간 충족한 삶을 살 수 있었던 데에 대한 깊은 감사함과 앞으로 함께할 시간이 많지 않다는 처절한 괴로움 사이에서 움직이는 법을 배웠다. 다른 시대에도 인간의 삶처럼 움직였을, 끊임없이 흐르는 호수가 내 생각의 폭을 넓혔다. 물 한 방울이 흘러 지나가는 시간은 인간의 삶에 비하면 눈 깜짝할 새지만, 그 물방울이 모이고 모여 수천 년을 흐르고 순환한다.

모든 물방울은 어떤 형태로든 다시 돌아온다. 인간의 몸 대부분은 물로 이루어져 있다는데, 그렇다면 우리도 그러하지 않을까? 이 말에 아내도 인간의 그런 측면이 마음에 든다고 했다. 이 책은 온전히 아내를 위해서 썼다. 아내에게 이 책을 바친다.

차례

시작 ──────────────────────────────

발 구르기

그네 타기는 춤추기와 같다. 우리의 삶을 중력에서 벗어나게 하여 역동적으로 움식이게 만든다. 비유하자면 거의 그렇다는 말이다.

한편, 우리의 일상 속 평범한 모습 중 놀라울 정도로 무거운 짐이 되는 것이 있다. 아마 대부분의 사람들이 매일 당연스레 하는 일일 것이다. 바로 모니터나 스마트폰을 들여다보는 일이다. 쉴 틈 없이 말이다.

정보의 바다를 서핑하는 일은 아주 흥미롭고 자극적이다. 때때로 도움이 되기도 한다. 하지만 장기적으로는 스트레스가 쌓인다. 여러 소셜 미디어에서 끊임없이 타인과 소통하고, 여러 개의 애플리케이션이 가동 중인 스마트폰 화면을 계속 들여다보면 필연적으로 지칠 수밖에 없다. 그 기계를 계속 사용하고, 또 사용해야만 하다 보면 더 이상 삶을 제대로 느끼지 못한다.

이런 문제를 타개할 해결책이 아날로그 놀이기구인 그네다. 몇 번 발을 구르는 움직임만으로도 디지털 세상에서 벗어나 몸이 다시 흔들리고 현실 속에 존재한다는 감각을 느낄 수 있다. 우리가 해야 할 일은 그네의 밑싣개에 엉덩이를 붙이고 앉아 다리를 구부렸고 펴면서 앞뒤로 움직이는 것뿐이다. 그러면 곧 바람이 뺨을 스친다.

그네는 시적이다. 현대인은 뭔가를 기술에 비유하

기를 좋아한다. 심지어는 휴식에 관한 이야기를 할 때
도 그렇다. 이전 시대에는, 즉 디지털화가 이루어지기
전, 전기보다 휘발유 같은 연료를 쓰는 게 더 자연스
러웠던 시대에는 사람들이 휴식을 새로운 힘을 '채우
는' 시간이라고 묘사했다. 그런데 배터리의 시대가 되
자 '배터리를 충전해야 한다'고 묘사하기 시작했다.
이른바 휴먼 리차징human recharging이다.

그네를 탈 때의 움직임은 경직되고 수축된 마음을
자연스럽게 이완시켜 준다. 새로운 뉴런과 시냅스가
연결되어 인간 지능human intelligence을 강화하고, 잠시
동안이나마 인공 지능artificial intelligence에 저항하도록
해준다.

또한 그네 타기와 같은 신체 활동은 모든 질병에
대한 최선의 예방책이다. 미심쩍다면 의사에게 물어
봐도 좋다. 어떤 활동이 됐든 몸을 움직이면 인터넷
서핑, 각종 생각, SNS 등으로 버거워진 자아가 온전
한 자신을 찾고 휴식할 수 있다. 물론 그네를 타면서

도 스마트폰의 메시지를 확인하고 답장을 보낼 수는 있다. 하지만 하루에 단 15분 만이라도 그네를 타며 스마트폰에서 벗어난다면 디지털 디톡스를 위한 좋은 기회가 될 것이다.

반드시 앞뒤로 움직이는 그네를 고집할 필요는 없다. 어떤 종류든 그네라면 상관없다. 많은 사람이 삶을 영위하기 위해 돈을 버는 노동과 그저 즐거움과 만족을 위한 취미 생활, 혹은 빈둥거림 사이에서 왔다 갔다 움직인다. 흥미로운 일에 전념하다 보면 부담스럽고 귀찮은 일을 견디는 게 조금은 수월해진다.

한편, 공원의 가꾸어진 정원이든, 재생된 숲이든, 자연으로 다시 나가는 일은 커다란 자극이다. 상쾌한 공기에 둘러싸이면 저절로 숨이 깊어지고, 모니터만 들여다보느라 얕아졌던 호흡을 보완할 수 있다.

디지털 시대에 사는 우리는 항상 그네를 탄 것처럼

움직인다. 이제는 더 이상 고정된 장소에서 일하지 않는다. 일과 여가의 사이를 그네 타듯 오가며, 산책을 하다가 숲속 벤치에 앉아 이메일에 답장을 쓰고, 그러다가도 눈과 귀를 활짝 열어 숲의 모습을 담고 소리를 듣는다.

2022년에 독일 카셀에서 열린 현대미술 전시회 도쿠멘타Documenta에서 알게 되었는데, 인도네시아에는 농크롱nongkrong이라는 문화가 있다고 한다. '쪼그리고 앉다'라는 뜻의 농크롱은 그저 사람들과 둘러앉아 먹고 마시고, 이야기하며 한가롭게 시간을 보내는 것을 말한다. 그네 타기도 비슷하다. 혹시 여가 시간을 겉으로는 드러나지 않는 업무이자 나 자신과 타인, 세상과의 관계를 위한 일이라고 생각하는가?

스스로의 안정과 평화를 위해 내면을 차분하게 만드는 데 시간을 쏟는 사람이라면 바로크 시대의 종교적이고 감정적인 사고방식에 관심을 기울이되 그것을 조금 현대화하여 생각하고, 요한 제바스티

안 바흐*의 음악을 들으며 깊고 충만한 삶의 행복을 발견하고 표현할 수 있다. "나는 내 안에서 행복하다."**

즉 나르시시즘에 빠지지 않으면서 스스로와 가까워지는 것이다. 자기 자신과 친구가 되면 다른 사람에게 진심으로 기쁨을 전하는 사람이 될 수 있다. 그럴 힘이 남아 있기 때문이다. 게다가 인생을 아무리 즐기며 살더라도 피할 수 없는 도전 과제를 맞닥뜨렸을 때 힘과 자신감을 잃지 않도록 단단히 준비할 수 있다.

자신이 가치 있는 사람이라는 걸 자각하면서 살면 살아 있는 한 결코 멀어지려야 멀어질 수 없는 이 세상이 돌아가는 상황에도 관심을 기울일 여력이 생긴다. 스스로의 재생에너지에 대한 관심이 지구의 재생에너지에 대한 관심의 바탕이 되는 셈이다. 결국 그네

* 바로크 시대의 작곡가
** 〈바흐 칸타타 Bachkantaten〉 204번

타기는 생태를 위한 일이기도 하다.

    실제로 경험한 바에 따르면 그네 타기는 응용된 변증법과 같다. 여가 시간의 즐거움은 여가 시간이 부족할 때 가장 커진다. 취미나 스포츠에 전념하는 것은 스트레스를 많이 받은 다음에야 가장 유익한 일이 된다. 놀이의 즐거움도 마찬가지다. 삶의 가장 진지한 단계와 대조되었을 때 놀이의 즐거움은 가장 강력해진다. 질병, 슬픔, 죽음 등을 마주해야 살고자 하는 욕구가 강해지고, 불만이 생겨야 새로운 즐거움을 원하게 된다. 그러나 어떤 즐거움이든 과도하게 즐기면 곧 불쾌함으로 변한다.

    자유란 억압을 경험했을 때 비로소 명확하게 의식할 수 있는 것이다. 어쩌면 그래서 사람들은 헤어지는지도 모른다. 두 사람이 독점적인 관계를 맺고 있을 때는 제한된 자유를 갈망하기 때문이다. 그러다 다시 다른 사람을 만나 기꺼이 제한된 자유를 받아들인다.

꼭 해야 하는 것들, 꼭 필요한 것들 때문에 삶이 질식당하고 있는가? 그네를 타듯이 자연스럽게 앞뒤로 움직이면 우연한 것을, 우연한 만남을 얻을 기회가 생긴다.

인생을 의도적으로 우연에 맡겨야 한다. 그 방법 중 하나는 아마도 주사위 던지기일 테다. 다만 그로 인해 발생하는 부수적인 결과가 자기 자신은 물론 주변 사람들에게도 막대한 영향을 미치기 때문에 혼자서는 감당하기 어려워질 때도 있다.

작가 조지 콕크로프트George Cockcroft는 1971년에 루크 라인하트Luke Rhinehart라는 필명으로 발표한 소설 《다이스맨The Dice Man》에서 한 인간이 오로지 주사위 던지기로 모든 일을 결정하면 어떤 결과를 초래하는지를 보여주었다. 전통과 관습은 흐릿해지고 관계의 신뢰성이 깨질 것이다. 하지만 이 또한 그네처럼 움직이리라.

다분히 주관적인 관점에서 볼 때 부담스럽고 힘든

상황에 빠졌다면 사고실험을 해보자. 그네를 타듯 움직여 그 상황에서 빠져나가는 자신의 모습을 상상하는 것이다. 자신이 처해 있는 상황에서 잠깐만 벗어나 객관적인 관점으로 바라보면 모든 것을 더 정확히 파악할 수 있다. 그리고 새로운 관점을 장착한 채 원래의 상황으로 다시 돌아갈 수 있다. 혹은 과감하게 다른 방향으로 이동할 수 있다.

삶은 그네 타기다. 고대에서부터 전해 내려오는 유명한 명언으로 '기도하고 일하라 Ora et labora'*라는 것이 있다. 기도와 일 사이를 마치 성당의 종이 움직이듯 왔다 갔다 하는 것이다. 이 이념 덕분에 수도사들은 수 세기가 되는 시간 동안 만족도가 높은 삶을 영위할 수 있었다. 속세로 치면 애쓰고 노력하는 일과 의식적으로 숙고하는 일 사이를 오가는 것이 앞서 언

---

* 베네딕트 성인의 가르침에서 유래한 베네딕트 수도회의 이념

급한 이념과 비슷한 효과를 보인다. 혹은 만족과 포기 사이를 오가는 일일지도 모른다.

말이 나왔으니 포기에 관해 이야기해 보자. 아마 많은 사람들이 포기라는 개념을 외면하려 할 것이다. 그리고 계속해서 만족하려고만 한다. 프리드리히 니체는 《차라투스트라는 이렇게 말했다》에서 "모든 기쁨은 영원함을 원한다"라고 말했다. 사람들은 영원히 만족하고자 하지만, 기쁨은 늘 일시적일 뿐이다. 물론 그렇다고 하더라도 쾌락을 즐기는 데에는 아무런 문제가 없다. 그것은 아주 편안하고 경이로우며 여러 번 반복할 수 있는 일이다. 그러나 우리는 지금까지의 경험으로 알고 있다. 그 어떤 즐거움도 영원하지 않다.

그네 타기는 즐거움을 다시 느낄 수 있는 여유를 만들고, 앞으로의 즐거움을 위한 기반을 마련한다. 그렇게 한 걸음 쉬어가지 않으면 계속해서 더 강한 자극을 추구하게 되고, 아무리 강한 자극을 느껴도 시큰둥해질 수밖에 없다.

그런데 이른바 인생 코치들이 선전하는, 소셜 미디어에 넘쳐나는 즐거움과 만족에서 더 이상 벗어나거나 물러나기 힘들다는 점이 문제다. 즉 현대인은 마치 고문을 당하듯 계속해서 다음 즐길 거리를 찾아야 한다는 압박에 시달린다. 무조건 즐겨야만 한다는 생각에 사로잡히지 않고는 단 한 순간도 진심으로 즐기지 못한다. 그러나 진정으로 충족한 삶이란 오로지 즐기기만 하는 삶이 아니라 즐길 수 없는 시간도 받아들이고 묵묵히 견디는 삶이다.

항상 '좋은 기분을 유지'하기란 불가능하다. 이 세상에서 가장 아름답고 커다란 그네도 앞뒤로 계속 움직이면 불편하고 위험한 방향으로 흔들릴 수 있다. 반대로 말하면 어려운 시기에도 과감한 도약이 필요하다.

그네의 시작은 단순히
위로 향하기 위한 발짓이 아니라
앞으로 이어지는 즐거움을 위한
기반을 마련하는 것이다.
인생이 무조건 즐거워야 한다는 강박과
끝없는 자극의 굴레에서 벗어나
한 걸음 물러나는 찰나를 견뎌야
더 큰 기쁨을 느낄 수 있다.

진정으로 충만한 삶은 건강한 시작에 있다.
건강한 시작이란 올라가는 즐거움뿐 아니라
내려오는 즐겁지 않은 시간까지도
묵묵히 껴안는 인내를 배우는 것이다.
그네처럼 흔들리는 삶을
자연스러운 리듬으로 받아들일 때,
어려운 시기도 비상을 위한 발판으로 삼아
인생이라는 그네를 멋지게 시작할 수 있다.

발동

연습하기

그네 타기도 연습해야 실력이 는다. 하루아침에 할 수 있는 일이 아니다. 그러니 처음부터 다시 시작하자. 우선은 밑신개에 엉덩이를 반쯤 걸치고, 최대한 뒤로 물러나 선 다음, 다리를 앞으로 뻗으면서 상체를 뒤로 젖히면 앞으로 나갈 추진력을 얻는다. 그런 후 엉덩이에 단단히 힘을 주고, 무릎을 구부렸다 폈다를 반복한다. 그네가 어느 정도 올라갔다면 상체를 똑바로 세운다. 이제 높은 지점에 도달했던 몸이 다시 뒤로 이동하며 하강한다. 그러다가 최고점에 도달하면 다시 상체를 뒤로 젖히고 엉덩이에 힘을 주며 하체를 앞으로 내민다. 이 동작을 반복한다. 복잡한가? 연습이 결과를 만든다.

연습은 고대 그리스어 아스케시스askēsis*에 해당하는 말이다. 연습이란 능력을 향상시키거나 특정한 습관을 익혀 의식 없이도 그것을 할 수 있도록 어떤 행동을 반복하는 것을 말한다. 음악이나 스포츠 분야에서는 연습 대신 훈련이라는 말이 자주 쓰인다. 연습 혹은 훈련을 위해서는 뭔가를 포기하는 '금욕주의'를 실천해야 한다고 생각하는 사람이 많은데, 사실 금욕주의는 뭔가를 포기하는 것과는 큰 관련이 없다. 그럼에도 예를 들어, 어떤 기계를 사용할 때, 단순히 도구를 사용하는 인간인 호모 파베르homo faber를 넘어

_____

* 스스로에게 가하는 수련, 고행, 훈련, 더 나아가서는 금욕주의를 뜻한다.

뭐든 할 수 있는 다재다능한 인간인 호모 우니버살리스homo universalis가 되기 위해서는 연습이 필요하다.

연습 프로그램은 쉽게 할 수 있는 수준이어야 한다. 지금 내가 더 높은 곳까지 도약하기 위해 꽉 쥐고 있는 그네의 줄처럼, '손에 잡히는 것'이어야 한다. 꾸준히 연습하면 그리고 인생을 즐기는 작은 기술을 알면, 이 세상을 사는 데 필요한 모든 기술을 터득할 수 있다.

연습은 거듭할수록 변화가 일어난다. 나는 매일 몇 분씩 간단한 체조를 하는데, 그 잠깐의 운동이 내가 절대 완주하지 못할 장거리 달리기보다 훨씬 효과적이다. 원대한 목표를 작은 단계로, 즉 쉽게 달성 가능한 가장 작은 단위와 과정으로 나누어 추진력을 얻기 위해서는 금욕주의가 도움이 된다.

큰일을 작은 단계로 나눠서 차근차근 진행하면 우리가 가장 두려워하는 미루는 습관을 방지할 수 있다. 너무 큰일이 눈앞에 닥치면 의욕이 사라지고 지레 겁을 먹을 수밖에 없다. 그러나 작은 일은 한눈에 보이고, 쉽게 마음먹을 수 있다. 자고로 지나치게 노력을 쏟다 보면 어느 순간 노력하기를 꺼리게 되는 법이다.

또한 모든 일을 한꺼번에 끝내려고 하면 곧 두 손 들고 포기하게 된다. 그러니 마라톤 같은 큰 목표를 이루고자 할 때는 그 목표 지점에 도달한 자신의 모습을 상상하기보다는 오늘 십 분간 뛰는 목표를 설정하고, 그 목표에 다가간다는 현실적인 생각을 하는 편이 훨씬 낫다.

계속해서 연습하여 터득하는 방식은 삶의 기쁨을 구성하는 기본 요소로, 이 방법을 활용하면 '삶을 즐길 수 있게' 된다. 세세한 부분까지 꼼꼼하게 즐기는 것은 의심할 여지없이 가장 아름다운 형태의 금욕주의다. 커피가 커피나무에서부터 내 커피잔까지 오게 된 과정에 깊은 관심을 가진다면 나는 그 생명의 액체에 관해 더 많은 지식을 알게 될 것이다. 아주 세세한 부분까지 자세히 살피고 계속해서 연습하여 그 기술을 터득하면, 똑같은 일이 반복되는 일상의 지루함을 줄이고 즐거움을 극대화할 수 있다. 이것이 금욕적인 쾌락주의ascetic hedonism의 도구다. 이를 위해서는 때로는 자제하고, 때로는 일시적으로 포기하는 일도 중요하다.

커피도 마찬가지다. 만약 커피를 마실 때마다 속쓰림으로 고생한다면, 커피 섭취를 줄이는 편이 좋다. 마시고 싶어도 며칠 동안 자제하고 참은 다음, 온전하게 즐길 수 있을 때 그 맛을 보면 여태까지와는 비교도 안 될 커다란 즐거움을 누릴 수 있다. 이처럼 맛있는 음식을 먹는 빈도를 줄이면 되레 식욕이 오르고, 가까운 사람들을 당분간 멀리하면 오랜만에 만났을 때 더 즐거울 수 있다.

지금까지 당연하게 즐기던 것들을 자제하면 새로운 기회를 잡고, 새로운 것을 손에 넣을 수 있다. 간단한 것부터 시작해도 좋다. 우선 가볍게 식단부터 바꿔보자.

금욕주의야말로 늘 새로운 즐거움을 만들어내는 토대다. 농밀한 즐거움을 위해 잠시 숨을 고르며 기대감을 부풀리는 과정이기 때문이다. 기꺼이 즐거움을 참고 보류하는 것, 즉 쾌락주의적인 금욕은 가장 높고 찬란한 곳에 도달했을 때 그 즐거움에 머무는 시간을 늘리고 쾌락의 최고점을 더 높이 끌어올리는 행동이다.

자의로든 타의로든 일정 기간 금욕한 이후 느끼는 쾌락의 강렬함이 그 어느 것에도 뒤지지 않는다는 사실은 누구나 경험하여 알고 있다. 오랫동안 만나지 못했던 사람들을 비로소 만났을 때의 기쁨, 살을 빼기 위해 먹고 싶은 음식을 참았다가 먹었을 때의 만족, 목표를 위해 매일 시간에 쫓기다가 목표를 달성한 후 여유로운 시간을 보낼 때의 희열. 금욕한 후에 즐거움이 더 커지는 이유는 지금 바로 즐기지는 못하지만, 언젠가 즐길 때가 다가온다는 기대감 때문이기도 하다. 이런 이유에서 어쩌면 참는 사람들이 가장 쾌락주의적인 사람들인지도 모른다.

많은 사람의 생각과 달리, 금욕주의는 쾌락을 거부하기는커녕 오히려 지향하는 사고방식이다. 금욕주의를 실천하는 사람은 인생에서 더 많은 것을 얻을 수 있다. 갖고 싶은 것들을 항상 곧바로 손에 넣을 필요는 없다. 나의 욕구를 만족시키는 데는 나뿐만 아니라 다른 사람도 관여하기 때문에 욕구를 곧바로 충족시키지 않고 기다린다면 만족감은 훨씬 더 커질 것이다. 영원히 기다리지 않기를 바라면서 말이다. 인간관계도 이런 식으로 더욱 견고하게 구축할 수 있다.

기다린다는 건 수동적이라기보다는 추구할 가치가 있는 것을 실현하기 위해 한 걸음씩 천천히 나아간다는 뜻이다. 그것은 운이 좋게 우연히 실현되는 것이 아니라 지식을 얻고, 다른 사람과 의견을 교환하고, 어려움을 극복하고, 실패에 대처하고, 실망감을 떨쳐 내야 실현되는 것이다. 다시 말해 스스로가 꾸준히 노력해야 비로소 실현할 수 있는 것이다. 기다릴 줄 아는 사람은 결국 더 많은 것을 이룰 수 있다.

금욕주의를 실현한다면 즐거움이 없는 시간에도 여러 가지를 얻을 수 있다. 당장 사고 싶은 것을 사지 않아도 내게 있는 것의 소중함을 발견하고, 새로운 부분을 찾기 위해 노력한다면 이미 내가 가진 것만으로도 충분하다는 걸 깨달을 수 있다. '이미 가진 것'을 다시 볼 수 있을 때, '모든 것'을 가치 있게 볼 수 있다.

정신분석학에 '승화sublimation'라는 용어가 있다. 이것이야말로 금욕주의적인 쾌락이자 모든 힘을 특정한 대상, 계획, 일, 과제에 쏟는 훈련이다. 이 과정을 거쳐야 한 가지 행동에 완전히 빠져드는 기쁨, 한 가지 과제를 위해 존재하는 기쁨, 한 가지 주제에 집중하는 기쁨, 독서에 몰두하는 기쁨, 대화에 열중하는 기쁨을 경험할 수 있다. 약과 술이 없어도 완전히 취할 수 있다니, 그야말로 부작용이 없는 도취 상태다.

현대 사회는 과할 정도로 많은 가능성이 열려 있다. 그런 사회에서 올바르게 처신하고 대처하려면 '부분적으로 포기할 줄 아는' 금욕주의가 반드시 필요하다. 포기할 줄 안다는 건 소외되고 뒤처지는 것에 대한 두려움, 즉 포모 증후군 fear of missing out, FOMO에 가장 좋은 치료제다.

포모 증후군을 경험하는 사람이 젊은이들뿐만은 아니다. 요즘 사람들은 항상 뭔가를 선택해야 한다. 선택하지 않으면 미쳐버릴지도 모른다. 여기서 선택이란 단 한 순간도 진심으로 즐기고 축하하지 못할 수많은 결혼식에 참석하지 않기 위해서 인간관계를 결정하는 일과 같은, 우리 삶의 거대한 의문과 관련이 있다. 물론 일상 속의 작은 의문과도 관련이 있다.

오늘 저녁에 뭘 먹을까? 주말에 뭘 할까? 이 옷이 나한테 어울리나? 이런 사소한 의문이 숱하게 따라붙는다. 오늘 하루를 돌아보자. 빨리 나가서 후다닥 식사를 끝내고, 30분 정도 친구를 만나고, 밀린 메시지에 답장을 보내고, 모임 장소에 잠깐 들렀다가 집에 와서 넷플릭스를 보면서 꾸벅꾸벅 졸기도 할 것이다. 해야 할 일을 모두 끝마친 것 같지만, 사실 어떤 것도 진정으로 끝내지 않았고, 어떤 장소에도 진정으로 속하지 않았다는 공허한 감정만이 남는다. 그러니 후회 없을 한 가지를 선택하고 나머지는 깔끔하게 포기하는 편이 낫다. 그 한 가지 선택이 나에게 커다란 보상으로 돌아올 것이다. 물론 그렇지 않을지도 모른다. 항상 일이 잘 풀리기만 하는 건 아니니까.

'영구적으로 포기하는' 금욕주의에 관해서도 이야기해 보자. 쾌락 혹은 즐거움이 나 자신 또는 다른 사람들을 위험에 빠뜨릴 때는 영구적으로 포기할 줄 알아야 한다.

우리가 즐거움을 얻는 수단은 부정적인 현실에서 벗어나 그네를 타고 움직이듯 더 나은 상황으로, 적어도 잠시나마 도피하여 슬픔 속에서도 새로운 즐거움을 만들어내는 데 필요한 요소다. 이때 좋지 않은 부작용을 스스로 감수하기로 결정하는 건 자유다. 혹은 영구적으로 포기하는 법을 연습할 수 있다. 나의 즐거움을 위해 다른 사람을 위험에 빠뜨리는 순간 자유는 제한된다. "여기서 담배 좀 피워도 될까요?" 이런 게 바로 거기에 속한다. 나의 즐거움만큼이나 다른 사람도 중요하다.

금욕주의란 언제나 '올바른 정도만' 실천하는 것이다. 그렇다고 올바른 정도를 평균치라 오해해서는 안 된다. 평균이란 통계학적 가치일 뿐, 실질적이지 않다. 예를 들어, 취기가 오른 사람이 길을 걷다가 한 번은 왼쪽 도랑에, 한 번은 오른쪽 도랑에 빠졌다고 치자. 이 사람은 마치 그네를 타듯이 왔다 갔다 움직였다. 양쪽 도랑에 각각 한 번씩 빠졌으니 통계학적으로 보자면 균형이 잡힌 상태라고 할 수 있다. 그런데 과연 실제로 그러한가? 양쪽 도랑 사이를 여러 번 왔다 갔다 해보면 알 수 있다. 절제와 과장 사이에서 너무 많음과 너무 적음 사이의 길을 찾아야 한다.

나 자신이나 다른 사람들에게 마음 놓고 즐길 수 없는 수준의 기쁨이 찾아온 적이 얼마나 많은가? 금욕주의란 뭔가를 제한하고 금지하는 대신 '한계를 없애는 연습'이다. 또한 혼자 혹은 다른 사람들과 함께 모든 한계를 뛰어넘고자 하는 욕구이며, 자유로운 선택을 전제로 한다.

예를 들어, 성적인 문제에서 한계를 뛰어넘고자 한다는 건, 용감하고 모험심 강한 커플이 성행위의 빈도를 늘리는 일이다. 100일 연속으로 성관계를 가진다고 생각해 보자. 이건 진정한 모험일 수 있다. 그 이후에도 살아남은 사람들은 친밀감이 훨씬 깊어졌다고 말할 테지만, 동시에 상처라든가 감염의 위험, 무감각 등도 늘어날 것이다.

결국 성적인 문제에서 올바른 정도라는 건 건강과도 연관된다. 그리고 그 정도는 이론으로는 파악하기 어렵고, 실전에서 연습해야만 알 수 있다. 나의 상태와 그날의 컨디션이 영향을 미치기 때문이다. 오늘은 기분 좋았지만, 내일은 전혀 자극적이지 않을 수 있다. 그렇다고 모든 즐거움을 포기한다면 기쁨의 원천이 메말라 버릴 것이다. 즐길 줄 모르는 사람은 더욱더 즐기지 못하는 사람이 된다.

올바른 정도란 '충분하다sufficient'는 뜻이다. 이 단어는 '충분하다', '충족하다'라는 뜻의 라틴어 수피키오sufficio에서 유래했는데, 즉 '그 이상은 필요하지 않다'라는 말이다.

중요한 것은 사람을 압도하는 최대치가 아니라 그 사람에게 가장 잘 맞는 '최적치'이다. 우리는 금욕주의를 연습하며 그 최적치를 맞출 수 있다. 차선책을 선택해서는 안 된다. 그러면 즐거움은 사라진다. 그렇다고 지나치게 욕심을 부려서도 안 된다. 과도한 쾌락 때문에 오히려 피곤해질 것이다.

올바른 정도란 부분적으로는 적절한 양과 관련이 있다. 대부분은 질과 더 관련이 있는데, 음식이든 와인이든 초콜릿이든 섹스든 질적으로 충실하다면 양은 많지 않아도, 오히려 적어도 상관없다.

적당히 즐거움을 누리면 일상생활은 더 풍부해진다. 지나치게 쾌락만을 추구한다면 그것에 중독되어 일상이 무너지는 결과가 초래된다. 이런 이유 때문에 삶을 즐기는 기술이란 결국 금욕주의의 고루한 개념을 지키고 따르는 일이나 마찬가지다. 즐기는 법을 배우고 그 능력을 갈고닦으려면 연습밖에는 길이 없다.

삶의 즐거움이 줄어들면 자제와 극기를 연습하여 다시 즐거움을 얻고 인내하는 힘을 기를 수 있다. 부분적인 그리고 영구적인 포기를 연습하면 너무 많은 것에 지나치게 빠져들지 않고, 중독의 위험이 있을 경우 다른 종류의 즐거움으로 주의를 돌리는 데 도움이 된다.

　마지막으로 경계를 허무는 연습을 하면 자신의 한계를 알 수 있다. 그렇다면 그네 타기 자체를 즐기는 데 올바른 정도란 무엇인가? 앞으로 경험하면서 알게 될 것이다. 지치지 말고 발을 구르는 연습을 해서 더 높이 올라가자. 더 높이 도약할 때다.

삶에서 연습이 중요한 이유는
막연한 비상을 현실로 바꾸어주는
가장 확실한 방법이기 때문이다.
완주하기 힘든 마라톤보다
매일의 간단한 체조가 건강에 이롭듯,
거창한 목표를 작은 단계로 나누어 연습하면
우리가 두려워하는 미루는 습관을 방지하고
계속 나아갈 수 있다.

발을 열심히 굴러도

당장은 기대하는 만큼

올라가지 않는 것처럼 보이지만,

지치지 않고 계속 발을 굴리면

결국 인생이라는 그네를

가장 높은 곳까지 밀어 올릴 수 있다.

갈구

더 높이 오르기 위한 용기 갖기

최고점에 도달하면 그네를 높이 올리기 위해 세차게 발을 구르던 노력이 드디어 결실을 이룬다. 보상을 받은 것이다. 시계추처럼 흔들리며 분투하던 과정은 곧 굳이 애쓰지 않아도 자연스럽게 흔들리는 편안함으로 바뀐다. 둥실둥실 떠다니듯이 살고 싶다는 꿈이 현실이 되는 순간이다. 그 순간에 감각이 완전히 깨어난다.

　인생을 즐기는 기술은 그 감각을 전개하는 방식에

달려 있다. 내가 온몸의 문을 열자마자 세상이 온 감각을 통해 기분 좋게 흘러 들어온다. 감각이란 인간이 날 때부터 갖고 있는 행복 공장이다. 그러니 그것을 적극 활용해야만 한다. 시각, 청각, 후각, 미각, 촉각으로 느껴지는 즐거움은 언제나 우리를 황홀하게 만든다. 황홀경에 빠지면 무겁게 이고 진 삶의 짐을 덜 수 있다. 감각의 즐거움은 살아가는 의미 중 꽤 큰 부분을 차지한다.

나는 그네를 타며 새처럼 세상을 본다. 여기서 중요한 건 세상을 '보는' 일이다. 그네 타기는 시각 연습과 마찬가지다. 그네를 타면 모니터를 뚫어져라 쳐다봐야 하는 고역에서 해방된다. 노년에도 여전히 그네를 즐기는 내 모습을 재미있게 바라보는 사람들의 얼굴을 관찰해 본다. 어쩌면 사람들은 재미있어하는 게 아니라, 내가 (아직 여기에 없는) 아이들이 그네를 타지 못하게 방해한다고 여겨 불만스러운 표정을 짓는지도 모른다. 혹은 '나도 타고 싶다'라는 부러움일 수도 있다.

그네를 타면서 수많은 나무와 덤불, 근처에 있는 집의 모습 그리고 하늘에서 끊임없이 변하는 구름의 모양을 관찰한다. 시간이 없어서가 아니라 관심이 없어서 평소에는 눈여겨보지 않던 대상들이다. 그네에 앉아 발을 구르며 굴뚝새와 같은 눈높이에서 보니 세상이 매우 정교하게 구성되어 있다는 게 보인다. 나보다 훨씬 높이 나는, 비행 기술이 뛰어난 새들의 관점에서는 보이지 않을 모습이다.

그네를 타고 날다 보면 청각도 활성화된다. 나는 귀 옆을 스쳐 지나가는, 때로는 세게 불어대는 바람의 소리를 듣는다. 귀에 에어팟을 꽂고 재생 목록에 있는 좋아하는 음악을 들으며 그네에서 흔들릴 수도 있지만, 귀를 활짝 열어두면 세상의 소리가 더 많이 들려온다.

사람들의 목소리, 동물들의 울음소리, 기계 소음이

사방팔방에서 밀려든다. 가까운 연못에 사는 오리 떼가 꽥꽥 우는 소리가 북적이는 도로의 자동차 소리보다 소란스럽다는 걸 그네를 타며 처음 알았다. 큰 물닭은 날카롭고 찢어질 듯한 소리로 운다. 무성한 덤불 속에 숨은 참새 떼가 짹짹거리는 소리는 나무에 거꾸로 매달린 채 한시도 가만히 있지 못하고 이리저리 옮겨 다니는 곤줄박이의 가녀린 울음소리를 압도한다. 까마귀 몇 마리가 나무 꼭대기까지 올라가 서로를 향해 끊임없이 "까악, 까악, 까악" 하며 소리친다. 이건 까마귀들이 평소 잡담을 나눌 때의 음량일까? 까마귀들도 단둘이 보내는 시간에는 나지막이 소곤거릴 것이다.

세상에 존재하는 모든 것은 자기만의 방식대로 말한다. 곁을 스쳐 지나가며 그 소리에 귀를 기울이기 위해서 특별히 필요한 건 없다. 오직 그네 하나만 있으면 된다.

코 주위에 냄새가 맴돌며 나의 후각이 활약할 수 있도록 한다. 싱그러운 물의 냄새를 맡으면 눈으로 보지 않아도 근처의 수역을 떠올릴 수 있다. 평생 음식과 요리를 연구한 과학자 해럴드 맥기Harold McGee가 저서에서 "코로 잠수하기nose dive"라고 말했듯이, 나도 코로 잠수한다. 커피 향이 난다. 그네를 타고 이렇게 높이 올라왔는데도 내 코에 맴도는 이것은 커피 향일까? 그네를 타기 전에 마셨던 커피가 아직 내 입술에 남아 그네를 타면서도 커피를 마시는 기분을 선사하는 걸까?

냄새는 마음에 떠오르는 기억의 닻이다. 정신과 맞닿은 감각으로 생각의 세계로 들어가는 입구에 손쉽게 도달할 수 있다. 그래서 냄새는 지난 시간을 다시 상기시킨다. 그것이 바로 기억이다. 냄새 분자가 후각 기관의 수용체에 부드럽게 닿는 순간 내 마음속에는 바닷바람과 함께 갈매기 울음소리가 떠오른다. 나는 잠시 바닷가로 휴가를 떠난다. 그네를 타며 오스모

드라마Osmodrama*를 경험하는 셈이다. 지면에 서 있는 사람들, 걸어 다니는 사람들은 짐작조차 못 할 일들이다.

아쉽지만 미각은 그네 위에서 직접적으로 연습하기 어렵다. 나는 그네를 타면서 햄버거, 케밥, 피자, 도넛 따위를 맛있게 먹을 수 있는 서커스 단원이 아니기 때문이다. 그저 머릿속으로 커피를 곱씹어 음미할 뿐이다. 하지만 그것만으로도 충분하다. 커피는 나에게 호사이자 사치다. 누구에게나 그런 선택적인 사치가 있고, 또 반드시 필요하다. 그 진정한 의미는 각자 정의하는 바에 따라 다르지만, 어쨌든 그것이 감각을 충족시키고 다른 사람에게 실례가 되지 않으며 어려운 시기를 헤쳐나가는 데 도움이 된다는 사실이 중요하다.

잠시 집을 벗어나 카페에 가서 최고의 맛을 찾도록

---

* 그리스어로 향기를 뜻하는 오스메osme와 연극을 뜻하는 드라마drama의 합성어로, 냄새로 스토리텔링을 하는 후각 예술을 말한다.

동기를 부여한다는 점만으로도 커피는 나에게 활력이자 동력이 된다. 카페에서는 내 몸의 분자 하나하나까지 즐거움을 만끽할 수 있다. 커피를 마시면 몸 안으로 흘러 들어온 에스프레소가 분자까지 도달하는 느낌이다. 말하자면 커피는 나를 흥분시키는 약물이지만, 내가 커피에 중독될 가능성은 그리 높지 않다.

이제 그네를 타는 데 너무 힘을 쏟지 않도록 조심해야 한다. 감각이 주는 황홀함에 너무 깊게 빠지면 에너지를 과도하게 소모할 우려가 있기 때문이다. 계속해서 더 높이 올라가려고만 하면 자칫 몸이 거꾸로 뒤집히며 난기류를 만난 듯 흔들릴 수도 있다. 나는 양손으로 그넷줄을 꽉 잡고 촉각을 느낀다. 동시에 하체에 최대한 힘을 주어 그네가 계속 움직이도록 한다.

내가 좋아하는 선불교의 가르침이 떠오른다. "지금 하는 일을 온 힘을 다해서 하라. 다른 일에 힘을 분산하지 말라." 나는 그네를 탄다. 그것이 지금 나라는 존재가 오롯이 하는 일이다. 머리부터 발끝까지 이어진 피부의 수많은 모공으로 공기 분자의 감촉을 느낀다. 앞뒤로 움직일 때마다 공기 분자가 얼굴과 양손을 더듬는다. 내가 공기를 만지고, 공기가 나를 만진다. 나는 만지고 만져진다. 고로 나는 존재한다. "나는 생각한다. 고로 나는 존재한다"라는 말이 있지만, 생각보다 촉감이 그 대상의 존재를 더 확실하게 전달한다. 촉감은 환상이 아니기 때문이다. 조금은 불편한 감각이 촉감을 극대화한다. 엉덩이가 점점 아프다는 감각이다. 현재로서는 그것이 존재감을 강화하는 감각이라고 할 수 있다.

그네의 움직임은 여섯 번째 감각까지 깨운다. 이미 잘 알려진 오감에 더해 신경생물학 분야의 연구로 밝혀진 감각, 바로 육감이다. 단순해 보이지만 사실은 매우 복잡한 신체의 전반적인 활동을 뇌에서 조정하여 여러 뇌 부위의 뉴런과 시냅스가 활성화되도록 하는 감각을 운동감각이라고 한다. 그리고 우리는 깊이 생각하기 같은 뇌의 부가적인 연산 작용을 이끌어내기 위해 그네를 타며 육감을 연습할 수 있다. 뇌가 활동하려면 다른 모든 장기와 마찬가지로 산소가 필요한데, 그네를 타는 움직임은 내가 의식하지 않더라도 뇌에 산소를 공급하기 때문이다.

모니터, 에스컬레이터, 자동차, 전기자전거, 스쿠터 같은 것들이 운동하지 말고 편하게 살라고 유혹하더라도 그네가 어디에 있는지만 알면 문제없다. 그네가 부르면 나는 그저 그 부름을 따르면 된다.

지금 나는 무엇을 느끼는가? 최근 알려진 일곱 번째 감각마저도 결국은 뇌 구조에 근거를 두고 있다는 점이 증명되었다. 정신 능력에 해당하는 본능적인 감각, 즉 칠감seventh sense은 신체 내부와 주변 환경에서 포착한 흔적을 조합하여 내부와 외부 세계에 관한 중요한 정보를 전달한다. 이것은 만들어지는 것이 아니다. 신체 내부의 수많은 생체 안테나가 매 순간 수천 개의 측정 데이터를 수집하고 계산하여 그 정보를 뇌로 전달한 결과물이다. 그런데 데이터라는 것이 으레 그렇듯이, 그 의미를 정확히 파악하기란 어렵다.

나는 지금 어떤 상태인가? 다른 사람은 어떤가? 우리의 관계는 어떤가? 평온한 상태인가, 아니면 불화가 있는가? 나의 내면에 귀를 기울였을 때 노랫소리가 흘러나온다면 좋은 신호다. 반면 나의 내면에서 사이렌이 시끄럽게 울린다면 도대체 어디에서 불이 난 건지 면밀히 살펴야 한다.

데이터 과학자처럼 살펴본다고 해서 해결할 수 있는 일이 아니다. 객관적인 수치를 수집하기만 해서는 안 된다. 해석이 훨씬 중요하다. 그리고 해석하는 방식은 다양한 상황을 경험하면서 겪는 수많은 감정을 기반으로 한다. 경험이 풍부할수록 정확하게 해석할 확률이 높아진다. 다만 그러기 위해서는 시간이 필요하고, 시행착오를 겪으며 배운 몇 차례의 실수가 필요하다. 그러면 자기 스스로와 다른 사람들에게 질문을 던지며 올바른 실마리를 찾을 수 있다.

모든 감각이 깨어 있는 상태에서 그네 타기는 '범 감각적인' 경험이다. 그네를 타기 시작하면 세상이 완전히 다르게 보인다. 이때 필요한 유일한 전제는 높이 날아오를 준비가 되어 있어야 한다는 점뿐이다. 그럴 준비만 되어 있다면 들끓는 호르몬이 작용하여 목소리를 매끄럽게 만들고 눈에서는 강력한 섬광이 번뜩이고 코가 수많은 냄새를 맡을 수 있도록 만들 것이다.

그뿐인가. 피부의 땀구멍을 열어 촉각을 곤두세우고 경직되어 있던 엉덩이가 리드미컬하게 움직이도록 만들고 침체되어 있던 정신을 생각의 약동으로 선환하여 윤활제처럼 곳곳에 파고들어 뉴런이 유연하게 범람하도록 할 것이다. 큰 호를 그리며 더 높이 날아오르는 그네는 우리를 육체적, 심리적, 정신적으로 새롭게 만든다.

그네를 타지 않고도 그네를 탈 수 있을까? 당연하다. 우리가 인생에서 겪고 만나는 모든 것은 그네처럼 움직이며 변한다. 감각을 펼칠 수 있는 모든 기회를 잡을 때마다, 매번 밖에 나갈 때마다, 결국 가장 높은 곳에 도달할 때마다, 그때 느끼는 모든 감정과 모든 정신적인 비행이 영감이 되어 우리를 자극한다. 근처에 그네가 없더라도, 적어도 내 돋보기안경을 그네처럼 흔들어볼 수 있을 것이다.

우리네 인생처럼 인간의 감정과 생각도 항상 그네처럼 움직인다. 서로 반대되는 양극의 사이를 진자 운동을 하듯 오가는데, 높은 지점으로 올라갈 때는 자신감이자 기대였던 것이 낮은 지점으로 떨어질 때는 낙담이자 절망으로 변한다. 이런 변화는 대개 기분으로 나타난다. 감정과 생각이 그네처럼 움직일 때는 그 추진력에 저항하기보다는 그냥 그것들과 함께 흔들리는 편이 낫다. 기분이 한껏 높은 곳으로 올라갈 때는 몸과 마음이 가볍고, 세상이 아름다워 보이고, 더 기분이 좋아지고 싶다. 한편으로는 이런 생각도 든다. 이제 낮은 지점으로 떨어질 준비를 해야 하는 걸까? 최고의 기분을 더 오래 느낄 수는 없는 걸까? 바라건대 영원히 유지할 수는 없는 걸까?

인생이라는 그네에서
더 높이 날아오르고 싶다면,
지금 하는 것에 온 마음을 다해 몰입하여
나 자신을 오롯이 그 순간에 두어야 한다.
인생도 그네의 움직임처럼 변한다는 것을
잊지 않고 모든 감각을 깨울 때,
일상의 모든 것이 영감이 되어
우리를 더 높이 날아오르게 한다.

정점에 달했을 때 우리는

그 환희를 영원히 붙잡고 싶어 하지만,

그네처럼 상승은 반드시 하강을 동반하며

이러한 리듬 자체가 우리를 성장시키는 원동력이 된다.

결국 더 높이 오르기를 갈구하는 과정은

단순히 최고점에 머무는 것이 아니다.

오르내리는 삶의 진동을 온전히 받아들이며

다음 도약을 향해 발을 구르는 인내의 여정인 것이다.

찰나 ———————————————————

온전하게 만끽하기

나는 그네를 타고 가장 높은 곳까지 도달하는 데 성공했다. 그네에 앉아서, 혹은 실제 인생에서 최고점에 오른다는 건 아주 뿌듯하고 만족스러운 일이다. 최저점으로 떨어지면 몸도 마음도 무겁다. 반면 최고점에서는 날아갈 듯 가볍다. 일단 최고점에 도달하면 최소한의 노력으로도 고도를 유지할 수 있다.

그네를 탈 때는 앞으로 움직였을 때의 정점과 뒤로 움직였을 때의 정점, 양 정점 사이에서 엉덩이로 밑싣개를 살짝 누르는 것만으로도 이미 높이에서 오는 추진력에 힘을 더해 계속 움직일 수 있다. 그래서 최고점에 도달하고 나면 몇 가지 의문이 싹트기 전까지 가능한 한 오랫동안 성공을 즐기고 싶다.

현대 사회의 경제에서 성공이란 마법 주문이나 마찬가지다. 한데 인간의 삶이 정말로 성공만을 위한 것인가? 그렇다면 대체 무슨 성공을 위한 것인가? 시험에 합격하거나 프로젝트를 잘 마무리한다면 성공이라 할 수 있을 것이다. 원대한 계획을 이루거나 살면서 발생하는 이런저런 어려운 상황을 타개하는 것도 성공이라 할 수 있다. 그것은 일시적인 성공일 수도, 장기적인 성공일 수도 있다. 나와 주변 사람 몇몇만 아는 개인적인 성공일 수 있고, 많은 사람이 놀라거나 시샘하는 공개적인 성공일 수 있다. 누구도 감히 시도하지 못한 일에 과감히 도전하거나 누구도 주목하지 않은 분야를 연구하여 얻어낸 성공은 세간을 놀라게

할 것이다.

얼마든지 잘못될 수 있었던 일들이 잘 풀리면 성공이 된다. 성공은 인간이 원하는 관념적인 혹은 물질적인 보상을 잔뜩 가져온다. 사람들은 모든 일에서 성취를 이루고, 자신들의 눈에 아름답거나 좋아 보이는 것들을 손에 넣고 살면서 행운을 누리고, 사랑에 빠지고, 의미 있는 일자리와 충분한 자유 시간을 얻고, SNS에 '좋아요'를 받으면 성공했다고 생각한다.

대개의 경우 관념적인 보상과 물질적인 보상은 떼려야 뗄 수 없는 관계다. 예를 들어, 물질적인 부가 있어야 성공적인 가정을 더 손쉽게 일굴 수 있다. 물론 그런 물질적인 것들을 얻는 활동이 항상 즐겁기만 한 것은 아니다.

성공에 대한 사람들의 열망은 끝이 없다. 그러니 성공을 주제로 한 책들이 그렇게 불티나게 팔리는 게 아닐까? 그러나 성공을 주제로 한 책이 정말로 성공하는 데 도움이 된다면 세상 모든 사람이 성공해야 한다. 그렇다면 성공하는 데는 종류를 막론하고 무엇이 필요할까?

　나를 포함해서 많은 사람이 제시하는 성공 공식이 있다. "당신을 매료시키는 것을 따르라." 누군가를 매료시키는 힘은 아주 강렬하며 성취감으로 가득하다. 다만 매력적인 것을 추구하는 일이 현재의 일과 활동에 맞지 않는다면, 다른 방법을 모색하거나 가장 자극적이고 흥분되는 삶을 살 수 있는 상황을 만들어야 한다. 이때 다른 사람들이 기꺼이 당신과 함께하길 바란다.

　"누구도 성공으로 가는 길을 혼자 걷지 않는다." 이것이 성공으로 가는 두 번째 공식이다. 누구나 자신에게 호의적인 타인에게 의존한다. 성공하는 사람들은 모든 일을 자신이 혼자 책임지려 하는 경향이 있다. 그러나 나이를 점점 먹으면서 중요한 순간에 자신을 도와주었던 사람들을 떠올리게 된다.

갑자기 이런 의문이 든다. 여태까지 나를 도와준 사람들에게 제대로 감사했던가? 나에게 유리한 조건을 만들어준 이 사회 전체에 어떤 식으로든 환원해야 하는 게 아닐까?

또한 주의할 점이 있다. 성공까지 직진으로만 가는 사람은 없다. "에움길을 두려워하지 마라." 이것이 성공으로 가는 세 번째 공식이다. 에움길은 우리를 더 현명한 사람으로 만든다. 나는 여태까지 살면서 에움길을 걸을 때도 그게 에움길인지 정확히 인식하지 못했다. 여러 가지 일을 하다 보니 그저 이런 식으로 계속할 수는 없다는 생각이 들었다.

에움길을 만나면 몇 걸음 뒤로 물러나는 것도 방법이다. 나는 후퇴를 싫어하지만, 현실을 받아들이고 잠시 뒤로 물러나면 어느새 다시 앞으로 나아갈 수 있었다. 더 이상 쓸모가 없을 것 같았던 예전의 능력이 새로운 상황에 유용하게 쓰이기도 했다. 무익한 건 없다. 모든 것은 언젠가 다시 쓰이게 마련이다.

덧붙이자면 단 한 번 만에 큰 성공을 거두는 경우는 거의 없다. 어떤 것이든 한 번에 완성하기란 불가능하다. 그네에 앉자마자 최고점에 닿을 수 없듯이, '조금씩, 그러나 꾸준히' 하는 것이 네 번째 성공 공식이다. 발을 구르면 서서히 날아오르는 그네처럼, 한 걸음씩 단계별로 차근차근 앞으로 나아가면 어떤 성공을 이룰 수 있을지가 눈에 보인다.

꾸준히 노력하면 인생 전체가 추진력을 얻는다. 성공은 우리를 행복하게 만들고 고무시킨다. 중요한 것은 끈기다. 라틴어 명언에 "Nulla dies sine linea"라는 말이 있다. "하루에 최소 한 획이라도 그으라"라는 뜻이다. 화가 파울 클레Paul Klee가 1908년 3월에 쓴 일기에 기록한 말이기도 하다.

다섯 번째 성공 공식은 가장 중요하지만 누구도 경험하고 싶어 하지 않는 것이다. 바로 실패다. 실패에서는 배울 것이 많다. 역경과 고난이라고는 겪어본 적 없이, 성공만 한 삶을 살아온 듯 보이는 사람도 대화를 나누어보면 보이지 않는 곳에서 수없이 실패하고 후퇴했었다고 말한다. 실패하고 타격을 입으면 절망하지만, 무엇이 잘못되었는지 반추할 수 있고, 그 결과 더욱 날카롭고 예리한 사람이 되어 상황을 훨씬 잘 이해할 수 있다. 현재의 목표가 올바른 것인지, 계속해서 목표를 추구하여 만족스러운 결과를 얻을 수 있는지와 같은 질문을 스스로에게 던질 수도 있다. 목표를 수정하거나 다른 과제를 수행하는 편이 낫다는 답이 도출될지도 모른다.

우울의 구렁텅이에서는 어떻게 빠져나갈 수 있을까? 찢어지고 갈라진 상처는 어떻게 치유해야 할까? 흔히 말하는 회복 탄력성이란 실패에 좌절하지 않는 힘이 아니라 최악의 상황에서 최초의 무언가가 탄생할 때까지 새로운 시도를 이어가는 '유연성'이다.

회복 탄력성은 유전적으로 물려받은 성향일 수도 있고, 유리한 사회적 환경 덕분에 얻은 성향일 수도 있다. 회복 탄력성이 부족하더라도 어려운 상황에서 벗어나겠다는 열망만 있다면 인생에서 성공을 가로막는 것은 아무것도 없다.

회복 탄력성에 관한 연구 결과, 다른 사람에 비해 불리한 환경에서 자란 어린아이도 회복 탄력성을 유지할 수 있었다. 단, 그런 아이들에게는 매우 친밀하고 끈끈한 인간관계가 필요했다. 만약 부모와 그런 관계를 유지할 수 없다면 조부모, 친구, 교사, 주변의 도움이 될 만한 다른 어른과 감정적으로 교류할 수 있다. 다른 사람들이 어떻게 실패와 좌절을 극복하고, 그것을 바탕으로 발전하는지 모범 사례를 직접 목격하면 회복 탄력성을 기르는 데 도움이 된다.

물론 그네를 타면서 혼자 생각하고 이렇게 글로 남기기가 직접 실행하는 것보다 쉽다. 그네를 타고 높이 올라가 보면 사람들이 역경과 고난을 겪으면서도 삶에 꼭 필요한 추진력을 얻기 위해 얼마나 노력하는지 더 명료하게 보인다. 예를 들어, 심리치료사들이 해리

dissoziation라고 부르는, 분리되어 멀어지는 능력에 관해 이야기해 보자. 이것 또한 그네 타기와 같다. 우리는 숨 막히고 답답한 좁은 환경에서 벗어나 광활한 공간으로 이동할 수 있다. 이런 식으로 더 나은 삶을 꾸려나가기 위한 힘을 모으고 자신이 처한 상황에서 흔히 볼 수 있는 것들이 아닌, 새로운 해결책을 마련할 수 있다.

자기 자신에게 질문을 던지면 더욱 도움이 된다. 앞으로 더 발전시킬 수 있는 나의 강점은 무엇인가? 받아들여야만 하는 나의 약점은 무엇인가? 완벽해지고 싶다는 압박에 시달리다가 결국 실망으로 끝나지 않고 나 자신과 나의 능력을 활짝 펼칠 수 있는 방법은 무엇인가? 누가 혹은 무엇이 나를 도와줄 수 있는가? 누구를 내 사람으로 만들어야 하는가?

성공을 손에 넣으면 반드시 그로 인한 어두운 면이 따라붙는다. 성공은 어렵고, 성공한 이후의 상황에 대처하기도 어렵다. 그리고 가장 어려운 것은 성공에서 자유로워지는 것이다. 성공 그 자체와 성공을 감당하는 것은 엄연히 다른 문제다. 성공했을 때 우리는 달콤한 독을 먹는다. 성공한 상태가 영원히 이어지리라는 독이다.

빌 게이츠Bill Gates는 말했다. "성공은 좋은 스승이 아닙니다. 똑똑한 사람들을 속여 '나는 절대 지지 않아'라는 착각에 빠지도록 만들죠." 원하는 직장에 합격하면 이제는 편안한 인생의 그네에 앉아 쉬고 싶은 게 인지상정이다. 할 일은 이미 다 끝났고, 앞으로 평생 행복할 일만 남았다고 생각한다. 그런데 굳이 행복하기 위해 계속 노력해야 할 필요가 있을까? 그러나 이런 생각에 빠지면 곧 삶의 풍경 속에서 버림받아 홀로 외로이 남은 자신을 발견하게 될 것이다.

성공에는 늘 결과가 따른다. 어쩌면 성공의 가장 큰 문제는 성공 그 자체일 것이다. 성공이 우리를 부주의하고 거만한 인간으로 만들기 때문이다. 사람은 일단 성공하면 자신이 매우 강하고 잘난 사람이라고 착각하게 되는데, 바로 그런 점 때문에 약해진다. 즉 성공이 그 사람의 됨됨이를 망친다.

성공한 사람들은 성공하지 못한 사람들을 멸시하는 경향이 있다. 사회적으로는 공감 능력이 점점 줄어들고 남의 일에 둔감해지는 사람이 늘어나면서 공동체의 기반이 점차 파괴된다. 대부분의 사람이 간과하기 쉬운 성공의 전제 조건 중 하나가 공동체와 함께하는 삶이다. 성공한 사람들이 타인을 돕고 챙기기보다 자신의 부를 축적하고 세금을 회피하는 데 급급하여 공동체의 번영에 전혀 기여하지 않는다면 사회는 위험에 빠질 것이다.

성공한 사람은 모든 것을 스스로 조달할 수 있다. 하지만 그런 점이 성공한 사람의 문제다. 결국 모든 것이 가치를 잃을 테니 말이다. 무엇이든 쉽게 손에 넣지 못해야 가치 있다. 더 원대한 목표를 이루고자 노력하는 일 자체가 그 의미와 중요성을 크게 만든다. 그런 노력 없이 모든 것을 쉽게 손에 넣고, 쉽게 해결할 수 있다면 큰 의미가 없을 것이다. 애를 쓰지도, 오랜 시간 고대하지도 않고 돈을 펑펑 쓴다면 돈의 가치가 사라지는 것처럼 말이다.

게다가 더 큰 문제가 있다. 성공은 인간관계조차 무가치한 것으로 만든다. 성공한 사람은 사람들을 만나면서 점차 그 사람이 정말로 자신을 좋아해서 곁에 있는 건지, 아니면 단순히 자신이 승리자이기 때문에, 그래서 떡고물이라도 기대하면서 곁에 있는 건지 제대로 판단할 수 없어진다. 그래서 때때로 놀라기도 한다. "나한테 언제부터 이렇게 친구가 많았지?" 친구든 연인이든 배우자든, 모든 인간관계를 두고 성공한 사람은 고민에 빠진다. 이 관계가 진짜 우정 혹은 진짜 사랑일까? 이 사람은 내 곁에 있는 걸까, 아니면 내 재산과 영향력과 돈 곁에 있는 걸까?

필요한 건 그네를 타고 가장 높은 곳까지 올라가 한껏 고양된 상태인 자아를 다시 바닥까지 안전하게 끌어내려 줄 가족과 친구다. 그렇지 않으면 앞서 언급한, 성공으로 인한 부정적인 결과들이 나타나기 시작할 것이다.

성공한 사람은 자신의 성공에 지나치게 도취되어 점점 나락으로 향하게 된다. 오만함에 빠져 자신의 성공이 난공불락이며 스스로를 누구도 감히 손댈 수 없는 존재라고 믿어 의심치 않을 때, 실패나 질병, 정치적 변화 등 그를 무너뜨릴 것들이 슬그머니 다가온다. 어쩌면 뚜렷한 이유도 없이 상황이 갑자기 바뀔지도 모른다. 그리고 자기 자신도 그 변화를 눈치채지 못할 수도 있다. 그러면 곧 내리막길을 걷게 된다.

중력을 느끼지 못할 정도로 높은 곳에 올라갔을 때, 영원히 그곳에 머물 수 있을 거라 생각하는 순간, 갑자기 눈에 보이지 않는 제동이 걸리며 다시금 중력이 작용한다. 아무리 발버둥 쳐도 기세가 가라앉고 그네는 바닥을 향한다.

인생의 최고점이자 찰나인 성공은

모든 것을 가능하게 하지만 역설적으로

성공하기 위해 애쓰던 과정의 소중함을 앗아가고

인간관계의 진실성마저 흐리게 만든다.

성공에 도취되어 앞뒤를 보지 못하는 순간,

보이지 않는 삶의 제동과 함께

그네를 바닥으로 끌어내리는 중력의 법칙이

다시 작동하기 시작한다.

성공은 영원히 머무는 정착지가 아니라

그네의 눈부신 찰나일 뿐이기에,

오만함을 내려놓아야 비참한 추락 대신

다음 도약을 준비하며 안전하게 하강할 수 있다.

굴곡 ——————————————————————

하강을 받아들이기

살다 보면 지쳐서가 아니라 지루해져서 얼른 바닥으로 내려가고 싶을 때가 있다. 계속 높은 곳에 머무는 건 지루하고, 또 지속적으로 노력하고 힘을 쏟아야 하는 일이기도 하다. 당연한 얘기지만 그 상태가 영원히 지속되지는 않는다.

    그렇다면 그다음에는 무슨 일이 벌어질까? 떨어지는 것이다. 바로 당장 하강하지는 않더라도 이제 남은 건 서서히 아래로 내려가는 일밖에 없다는 느낌이

든다. 사람이든 사물이든 위에 있는 것은 반드시 아래로 내려갈 수밖에 없다. 중력의 법칙은 모든 것에 똑같이 적용되니까.

우리의 삶도 마찬가지다. 그네에 탄 나는 계속 움직이고 있다. 지금 당장 그네에서 내릴 필요는 없다. 하지만 한 가지는 확실하다. 현실이라는 무게가 저 밑에서 우리를 기다리고 있다는 것. 처음 높은 곳으로 날아올랐을 때가 떠오른다. 하지만 지금은 그때처럼 웃음이 나오지 않는다. 왠지 모르게 하늘도 좁아 보이고, 주변 풍경도 예전 같지 않고, 엉덩이도 무척 아프다. 뭔가 조치를 취해야 한다.

휴식이 필요한 순간이다. 사실상 내가 의식하지 않아도 휴식해야 할 순간이 찾아온다. 물론 휴식해야 한다는 여러 신호가 왔을 때 그것을 무시하고 휴식을 건너뛸 수도 있지만, 그런 순간이 찾아오면 순순히 따르는 편이 좋다. 몸과 영혼과 정신이 숨을 골라야 한다는 확실한 징후가 있기 때문이다.

밑으로 쑥 가라앉는 느낌이 나를 사로잡는다. 그네의 앞뒤로 움직이는 범위가 줄어들어 이제는 그네가 올라가는 높이가 오십 센티미터가 채 되지 않는데도 몸의 긴장이 풀려 뱃속이 가라앉고 장이 요동치는 느낌이 든다. 온 힘을 다해 발을 굴러 그네를 가장 높은 곳까지 날아올린 다음 진자처럼 움직일 때는 뱃속이 기분 좋은 간지럼을 타는 느낌이었다. 그런데 지금은 그저 그런 상태다. 메스껍지는 않지만 그렇다고 기분이 좋지도 않다. 지금 같은 상황이 조금만 더 지속되면 속을 게워 내야 할 것 같다. 누가 혹은 무엇이 날 구해줄 수 있을까?

어쩌면 이것 또한 그네에서 얻을 수 있는 통찰이 아닐까? 강력한 추진력을 얻어 높이 날아올랐던 그네도 더 노력하지 않으면 점점 힘을 잃고 서서히 내려와 흐느적거리며 흔들린다. 모든 것이 항상 최고의 상태로 유지되지는 않는다. 한때 눈부시게 아름다웠던 사랑도, 가장 재미있었던 삶도, 열정적이었던 꿈도, 영원하지는 않다. 그네도 마찬가지다.

설령 인생에서 언제나 즐거움을 누린다고 해도 삶의 양극성은 완전히 사라지지 않는다. 문제는 다른 사람들과 마찬가지로 나 또한 긍정적인 순간에는 행복과 기쁨을 순순히 받아들이며 만끽하고 환영하면서 부정적인 순간에는 그 불행을 받아들이려 하지 않고 외면하거나 부정한다는 점이다. 그렇다고 그런 부정적인 순간을 삶에서 배제할 방법은 없다. 개인, 부부, 단체, 사회 등 많은 사람이 부정적인 순간들을 없애려고 노력했다. 하지만 모조리 실패했다. 대담한 시도가 헛수고로 끝난 셈이다. 기껏해야 부정적인 순간이 조금 늦게 오도록 만들거나 그 정도를 완화하는 데 그쳤다.

양극성이란 어디에나 존재하므로, 누구나 겪어본 적이 있다. 기쁨과 분노, 조화와 불화, 안정과 불안,

쾌감과 고통, 건강과 질병, 아름다움과 추함, 성공과 실패, 의미와 무의미.

우리는 살면서 스스로가 알던 자기 자신과 정반대에 있는 자아 또한 경험하는데, 그 자아는 항상 '단계적으로' 발생한다. 그 단계란 아주 잠깐 동안 존재하는 짧은 단계, 조금 더 오래 존재하는 중간 단계, 오랜 시간 지속적으로 존재하는 긴 단계로 나뉜다.

나는 때때로 기쁜 순간을, 때때로 슬픈 순간을 경험한다. 태풍이 몰아친 뒤에 고요함이 찾아오듯 열정이 솟구친 다음에는 오히려 차분해지는 시간이 찾아온다. 안정적인 시간을 보내고 있으면 갑자기 불안이 엄습한다. 조금 전까지만 해도 기분이 좋았는데 갑자기 불같이 화가 난다.

삶은 여러 단계를 거치며 전개된다. 각 단계는 마치 그 단계가 영원히 지속될 것 같다는 인상을 준다. 그러나 그 단계는 사실 앞뒤로 왔다 갔다 움직이는 그네처럼 계속해서 바뀐다. 위로 올라가는 단계가 있으면 아래로 내려가는 단계도 있다. 그것이 삶의 리듬이다. 이런 단계를 거치며 지속되는 삶은 불변하며 연속한다는 인상을 자아낸다.

그네 타기란 항상 일어나는 일이다. 우리 삶은 차양막이 딸린 우아한 그네 의자가 아니다. 도취와 우울을 오가는 사람들의 심리 상태를 보면 알 수 있다. 그런 심리 상태를 그네에 비유하다니 사태의 심각성을 모르고 너무 쉽게 말하는 거 아니냐고 생각할지도 모르겠다. 그러나 살면서 대단히 기쁜 상태와 우울한 상태를 오가는 것은 양극성 장애가 아니라 정상적인 활력의 징후다. 기운이 넘치는 상태와 탈진한 상태를 오가는 것도 사람이라면 누구나 경험하는 일이다.

누가 혹은 무엇이 우리를 그렇게 만들었을까? 아마도 진화 때문일 것이다. 삶이 유지되고 점차 확대되기 위해서는 적당한 긴장이 필요하다. 어쩌면 이 때문에 우리의 삶은 시간이 지남에 따라 스스로 그네처럼

움직이게 되었는지도 모른다. 이를 위해서는 전기와
마찬가지로 서로 반대인 양극이 필요하다.

우리의 영혼과 육체는 동등한 정도로 삶의 흐름에
맞춰져 있다. 우리가 그네처럼 움직이며 사는 데 이
보다 더 진부한 생물학적 이유가 있을까? 기쁘고 즐
거운 상태일 때는 세로토닌이나 도파민, 노르아드레
날린 같은 호르몬이 저장소에 쌓여 기분이 좋아진다.
그런데 기쁨이 클수록 이런 신경전달물질이 소모될
가능성이 높아진다. 그러면 기쁜 감정은 마치 전원을
끈 것처럼 한순간에 사라진다. 저장소가 텅 비었으니
다시 새로운 물질로 채워야 한다.

즐겁지 않은 시간을 헤쳐나가는 데는 금욕주의의
한 형태를 실천하면 도움이 된다. 예를 들어, '전혀 즐
겁지 않은' 일도 묵묵히 하는 것이다. 그러면 그 일을
빨리 마칠 수 있으므로, 즐겁지 않은 과정을 단축시
킬 수 있다. 그리고 곧바로 기분이 좋아지게 만드는

인공적인 물질, 예를 들면 약이나 술을 하고 싶다는 충동을 억누를 수 있다.

이와 같은 맹렬한 욕구가 삶의 기쁨을 얻는 작은 기술과 어떤 관련이 있을까? 쉽진 않지만 생리학적인 충만함과 정신적인 상태가 항상 동일한 수준으로 유지되고, 신체와 정신도 항상 동일한 정도로 쾌락을 느낀다고 가정해 보자. 그렇다 해도 우리는 언제든지 아무런 생동감이 없는 정체 상태에 빠질 수 있다. 즉 인간은, 우리의 신체와 정신은 그네처럼 움직이는 편이 좋다. 다시 말해 가장 높은 곳뿐만 아니라 가장 낮은 곳도 경험해야 한다.

삶을 즐기는 기술은 삶의 양극성을 아는 데 기반을 둔다. 삶의 굴곡을 있는 그대로 받아들일 준비가 되어 있어야만 삶과 공명할 수 있다. 물론 그네에 타는 걸 거부할 수도 있다. 하지만 그랬다가는 오히려 그네에서 완전히 벗어날 수 없으며, 삶은 더 무거워질 것이다.

우선 모든 것을 있는 그대로 받아들이는 마음가짐을 가져보자. 그리고 그다음에 어떤 단계가 오든 조바심과 불안을 더 능숙하게 견뎌낼 수 있도록 인내심과 평온함을 연습하고 실천해야 한다. 현재 나는 그네에 앉아 힘을 온존하기 위해 노력하고 있다. 슬럼프를 견디고 침묵하며 되도록 생각에 골몰하지 않기 위해 연습하고 있다.

지금은 수많은 프로젝트를 머릿속에서 이리저리 저글링할 때가 아니다. 때로는 감각도 멈춰야 한다. 지금은 내가 방금 전까지 확신하던 삶의 의미조차도 사라지는 순간이다. 사실 모든 것은 의미 없지 않은가? 무의미함이란 늘 탈력감脫力感과 연결되어 있다. 그러나 그 사실을 안다는 게 나에게는 별 도움이 되지 않는다. 나는 상황에 맡겨져 있다.

나에게는 문제가 있다. 내가 가느다란 줄에 의지

한 채 힘없이 늘어져 있다는 사실이다. 내 몸은 죽은 듯이 축 처진 채 그네에 매달려 앞뒤로 움직인다. 자의로 과감하게 움직일 엄두가 나지 않는다. 엉덩이를 받친 밑싣개가 때로는 이쪽으로, 때로는 저쪽으로 기울어진다. 다른 사람들이 보기에 좋지 않은 모습이라는 건 알지만, 지금 나는 남들이 나를 어떻게 보는지를 신경 쓸 여유가 없다. 그렇다고 그네에서 내리지도 않을 것이다. 그네에서 내려봐야 아무 생각 없이 땅바닥에 서 있거나 다른 사람들과 무의미한 대화를 나누기밖에 더 하겠는가.

나는 지금 아주 중요하며 금방 잊어버릴지도 모르는 아이디어를 떠올리고 있어서 다른 사람들로부터 방해받고 싶지 않다는 인상을 주기 위해 노력 중이다. 그런데 사실은 어떤 아이디어도, 좋은 생각도 떠올리고 있지 않다. 이 상황에 특별한 무언가를 생각해야 한다면 너무 피곤할 것이다. 실제로 존재하지 않는 아이디어는, 실제로 존재하지만 그저 늘어져 있을 뿐인 내 몸과 마찬가지로 그네에 매달려 흔들릴 뿐이다. 그네를 계속 타고 싶지는 않지만 그렇다고 그네 타기를 그만두고 싶지도 않다. 이 상태가 얼마나 더 이어질까?

인생은 기쁨과 슬픔, 열정과 고요가
끊임없이 왔다 갔다 하는 그네와 같다.
그래서 한때 빛났던 사랑도, 최고점의 성공도
반드시 하강이라는 굴곡을 만난다.
정점이라는 찰나에 올랐다가 내려오는 것은
실패나 추락이 아니라
인생이라는 그네를 타는 사람이라면
누구나 겪는 필연적인 리듬이자
자연스러운 삶의 양극성이다.

어떠한 변화 앞에서 조바심을 내기보다

인내와 평온을 연습하고,

특히 굴곡의 시기에는 억지로 발을 구르기보다

그네에 몸을 맡긴 채 힘을 온존하는 지혜가 필요하다.

그 굴곡을 자연스러운 인생의 리듬으로 품는 태도야말로,

인생이라는 그네를 끝까지 즐기는 삶의 기술이다.

변곡

등을 밀어주는 손길 잡기

그네를 타는 움직임에 새로운 힘이 더해진다면 반가울 것이다. 주변을 둘러본다. 누가 도와주지 않을까? 가까이에 아내가 서 있다. 눈이 마주치자 그네를 밀어주기 위해 다가온다. 딸도 준비가 되어 있다. 사랑하는 사람들, 아이들, 부모님, 친구들, 가까운 다른 사람들이 나의 그네 타기에 새로운 힘과 움직임을 더해줄 것이다.

　단 한 사람이라도 곁에 있어줄 때 자신이 얼마나 강

해질 수 있는지를 우리는 누구나 경험을 통해 알고 있다. 모든 공동체는, 그 크기가 아무리 작더라도 엄청난 에너지를 방출한다. 두 사람이 서로 번갈아 가며 상대의 뒤를 지켜주고, 상대에게 필요한 자극을 준다.

그네 위에 앉아 있으면 그 과정을 직접 체험할 수 있다. 신뢰하는 사람이 그네에 앉은 내 등 뒤에 선다. 나는 등 뒤에서 일어나는 일에 신경 쓸 필요가 없다. 다음번에는 내가 상대방의 등을 밀어 힘을 더해주고, 그네가 좀 더 수월하게 움직이도록 도와줄 것이다. 누구나 혼자 그네를 탈 수 있지만, 그네를 더 오래 타려면 다른 사람의 도움이 반드시 필요하다.

그렇게 타인과의 연결을 통해서 의미가 생긴다. 의미가 생기고, 타인과의 관계가 발생하면 그네 타기 또한 서로의 도움을 통해 인생에 훨씬 큰 의미를 부여한다. 인간관계를 돈독히 하고, 시간이 지날수록 더욱 견고하게 만든다.

타인을 도와 기꺼이 그네를 밀어주는 것은 그저 이타적이기만 한 행동은 아니다. 나 또한 도움을 받는 일이다. 나의 도움을 받은 타인이 그 은혜를 잊지 않을 것이기 때문이다. 그 사람이 사악할 정도로 이기적이어서 오로지 자기 자신만 생각하는 인물이 아니라면 내가 베푼 도움은 언젠가 다시 나에게 돌아와 추진력이 된다. 곧바로 돌아올 수도 있고, 나중에 돌아올 수도 있다. 공원에서 그네 타기를 할 때 돌아오지 않더라도 인생이라는 그네를 탈 때, 어려운 순간에 처했을 때 도움의 손길이 돌아올지도 모른다.

타인과의 관계만큼이나 나 스스로와 관계를 맺는 일도 매우 중요하다. 자아의식은 결국 서로를 도울 수 있는 공동체 의식을 경험하는 데서 발생한다. 그네 타기에서 우리는 또다시 인생에 필요한 교훈을 얻을 수 있다. 서로의 등을 밀어주며 그네를 타는 와중에 인생의 각기 다른 여러 단계와 삶의 양극 사이를 오가면 인간관계를 강화할 수 있다.

내가 먼저 다른 사람들을 도왔다면, 그들도 나를 도와줄 가능성이 높다. 이른바 사회적인 그네다. 그네처럼 안정적으로 도움이 오고 간다. 그 시간이 길어질수록 삶 전체가 추진력을 얻는다. 그렇기 때문에 긍정심리학에서는 부정적인 영향을 미치는 사람들이 우리를 '아래로 끌어내리도록' 만들지 말라고 조언한다.

언젠가 내가 그네에서 내려올 때 다른 사람들이 멀리 도망가지 않기를 바란다. 다 같이 즐거울 수 있다면 더할 나위 없이 좋을 것이다. 사회적인 삶에서 중요한 것은 다른 사람들이 넘어졌을 때 도망치는 게 아니다. 어쩌면 내 자아는 단순히 그럴 힘이 부족한 걸까?

그네 타기는 때때로 인간관계를 잠시 중단하는 휴식이기도 하다. 사람들이 서로를 위해 존재한다면 아름다운 일이다. 이때 중요한 전제 조건은 우선 자기 스스로를 위해 존재하는 것이다. 그러므로 항상 같이 있기보다 가끔씩은 서로 거리를 두는 편이 좋다. 즉 타인과 같이 있는 시기와 떨어져 있는 시기 사이에서 그네를 타듯 움직여야 한다. 그러면 다른 사람과 함께 있는 동안 에너지가 고갈되어도 곧 회복할 수 있다.

다시 말하면 타인과 함께하기 위해서 잠시 멀어지는 셈이다. 혼자만의 시간을 가지며 다른 사람과 대화하느라 놓친 아이디어를 떠올리고, 온몸을 새로운 에너지로 채워 사람들 곁으로 다시 돌아가는 것이다. 가까운 사람들과 다시금 힘차고 자신감 있게 삶을 함께 걸어가기 위해 그들과 멀어져 추진력을 얻는다.

서로 떨어지는 것이 오로지 나만을 위한 일은 아니다. 나의 주변 사람들, 가족들 또한 함께하는 삶에 지쳐서 잠시나마 어디론가 도망가고 싶어 할 수 있다. 반대로 모든 일을 혼자 해결해야 하는 사람이라면, 가끔은 친구, 친척, 지인, 이웃에게 그네를 밀어달라고 부탁해 보자.

이제 그네는 다시 꼭대기까지 날아오른다. 가장 높은 곳에서 바람을 가르며 느끼는 기분은 온전한 자신만의 즐거움이다. 그네 위에서 느끼는 단 몇 분의 평온한 행복은 그것이 가능하도록 그리고 내가 땅에 머물 수 있도록 해준 감사한 사람들 덕분에 일어난 기적이다.

그들 중 다수는 나의 그네를 밀어준 이들이 아니다. 그네를 밀어줄 물리적인 존재가 꼭 필요한 건 아니다. 그런 사람들이 존재한다는 사실을 아는 것만으로도 충분하다. 그런 사람들은 비단 가까이 있는 사람들뿐만 아니라 넓은 의미에서 언제 어디서든 나의 삶에 도움의 손길을 내밀 수 있는 수많은 사람을 포괄한다. 이해심이 많고 친절한 타인이 없다면, 나라는 사람의 등을 밀어줄 사람이 없다면, 우리는 온전하게 살기 어려울 수 있다.

보답을 기대하지 않으면서도 다른 사람을 도우며 기쁨을 느끼는 사람들이 많다. 생각해 보자. 길을 묻는 사람에게 길을 알려주면서 보답을 기대하는 사람이 있을까? 나는 집 밖에 나갈 때마다 이런 뜻밖의 교류의 순간을 즐긴다. 낯선 환경에서는 더더욱 즐겁다. 아마 다른 사람들도 비슷할 것이다. 이런 식으로 서로 모르는 사이에서도 즐거움의 상호 관계가 발생한다.

한편, 친구들과의 관계에서 우리는 오랜 시간 동안 친숙한 교류를 하며 상호 관계를 발전시킨다. 친구들 덕분에 얻는 기쁨이란 함께 즐거운 시간을 보내고, 근황을 이야기하고, 근심과 고민을 나누고, 순간순간 유대감을 형성하고, 잠시 격앙되었다가도 편안하고 친근한 분위기에서 다시 차분해지고, 서로를 이해하고, 필요하다면 위로를 나누는 수많은 기회 덕분에 누릴 수 있는 것이다.

친구 관계에도 단단히 고정되어 있는 그네가 있다. 대부분의 경우는 아무런 문제 없이 서로의 사이를 그네처럼 오갈 수 있다. 친구들이란 다시 돌아올 날을 약속하지 않고도 떠나갈 수 있는 존재다. 모든 종류의 속박이나 연결성으로부터 자유롭다.

우정이라는 것 또한 좋을 때와 나쁠 때의 사이를 그네처럼 오간다. 불화나 오해가 발생하면 멀리 떨어졌다가도, 언제 그런 일이 있었냐는 듯 가까이 다가온다. 우리의 기억 속에는 오랜 시간 동안 곱씹을 수 있는 즐겁고 신났던 공통의 경험만이 남는다. 그중 대부분은 평생 동안이라도 떠올릴 수 있다. 과거를 되돌아보며 '우리가 그때 경험했던 것들'에 관해 추억을 나눌 수 있다니, 얼마나 멋진 일인가? 다소 험난했던 일들도 놓치고 싶지 않아 때때로 이렇게 대화의 물꼬를 틀 것이다. "그때 일 기억해?"

우정은 사랑의 그네가 계속 흔들리도록 만든다. 사랑은 낭만주의와 실용주의, 감정의 확실성과 일상적인 의무 사이에서 그네처럼 움직일 수 있어야 한다.

사랑은 (바라건대) 사랑의 기쁨을 아주 황홀한 것으로 만드는 호르몬이 급증하는 상황과 그 호르몬의 분비가 중단되어 갑자기 짜증이 나는 상황이라는 단계적인 과정 사이에서 진자 운동을 한다.

연인과의 관계에서 열기가 잠시 잦아들면, 연인과의 우정이든 아니면 다른 친구들과의 우정이든, 우정이라는 감정이 관계를 지탱할 수 있다. 그러면 연인은 잠시 거리를 둔 다음 각자의 친구들과 가까워졌다가, 다시 제자리로 돌아올 수 있다. 이런 과정에서 서로 친밀함을 주고받는 가까운 거리와 각자의 일과와 업무 등에 집중하는 먼 거리 사이를 오가는 적절한 타이밍과 균형을 잡을 수 있다.

무엇이든 그네로 치환하여 이해하면 관계를 더 오래 유지할 수 있다. 그것이 인간관계의 비밀이다. 또한 창의성의 비밀이기도 하다.

인생이라는 그네가 서서히 내려올 때

새로운 추진력을 얻는 변곡점은

사랑하는 사람들이 전해주는 힘과 더불어

스스로를 위해 존재하는 시간이

조화를 이룰 때 찾아온다.

타인과 함께하며 힘을 얻는 것도 중요하지만,

때로는 모든 것과 거리를 두고 홀로 머물면서

내면을 회복하는 시간이 필요하다.

결국 타인이 밀어주는 힘을
반갑게 맞이하면서도 스스로 중심을 잃지 않는
적절한 거리의 미학을 실천할 때,
우리는 비로소 관계라는 그네 위에서도
자유롭고 힘차게 방향을 틀며
더 나은 삶의 궤적을 그려나갈 수 있다.

흐름 ————————————————————————

흔들림에 나를 맡기기

누군가가 등을 밀어주면 나는 큰 힘을 들이지 않고도 그네를 탈 수 있다. 다행히 그네를 밀어주는 사람도 그리 큰 힘을 쓰지 않아도 된다. 어깨나 등을 살짝 밀어주는 것만으로도 그네는 쉽게 앞으로 나가고, 그네에 탄 나는 더 높이 올라갈 추진력을 얻는다. 누군가의 도움으로 그네가 앞으로 나가면 그만큼 뒤로 물러날 힘이 생기고, 뒤로 물러나면 그만큼 앞으로 다시나갈 힘이 생긴다. 말하자면 영구적인 움직임이다. 다른 사람이 등을 밀어주기만 한다면 언제까지나 그네를 탈 수 있다.

나는 이제 더 이상 계속 다리를 힘껏 움직이거나 엉덩이로 밑신개를 밀어 아주 높은 곳까지 날아올라야 한다는 압박을 느끼지 않는다. 압박에서 벗어날수록 내 생각은 더욱 자유롭게 날아오른다.

삶의 기쁨을 얻는 작은 기술은 여가에 오랜 시간을 투자하는 것이다. 여가에는 아무리 오랜 시간을 쏟아도 지루하지 않다.

여가의 즐거움이란 존재의 즐거움과 마찬가지다. 지금까지 내가 속해 있던 세상에서 벗어나 온갖 강제와 구속으로부터 자유롭게, 그저 나라는 인간으로 존재할 수 있는 세상에서 살기 시작하는 것이다. 과제를 할 필요도, 목적을 이룰 필요도, 목표에 도달할 필요도 없다. 세상이 요구하는 대로 유용하고 유능한 사람이 될 필요도 없다. 그저 지금의 나, 있는 그대로의 나로 존재하면 된다. 물론 나중에 상황이 달라질 수 있겠지만, 지금의 나에게는 아무런 상관이 없다. 그저 산다는 게 아름답고 존재한다는 게 즐겁다. 이 것이야말로 흐름flow이다.

삶은 흐르는 강물과 같다. '삶의 좋은 흐름', 그리스어로 '에우로이아 비오우euroia biou'가 고대 그리스 철학자들이 말한 행복의 공식이 아닐까?

그네 타기는 부드러운 흐름에 몸을 맡기고 움직인다. 의식하지 않으면 평소에는 느끼기 어려운 공기 속의 떨림 같은 진동을 느끼는 일이다. 나는 무아지경에 빠진다. 나 자신은 물론 주변의 모든 것, 나를 억압했던 것이나 짊어지던 것들이 완전히 머릿속에서 지워진다. 마치 잠을 자면서 그네를 타는 것 같다.

잠을 자면 모든 고난으로부터 회복된다. 모든 감각이 활짝 열려 있지만 나는 아무것도 인식할 수 없다. 여러 생각 속에 흠뻑 빠져 있지만 그 생각을 하는 사람은 내가 아니다. 생각이 스스로 생각한다. 생각이 꼬리에 꼬리를 물고 이어진다. 내가 할 일은 특정한 생각 하나에 사로잡히기보다 생각이 스스로 계속 이어지는 과정을 있는 그대로 관찰하는 것뿐이다. 그렇게 탄생한 결과물이 바로 창의성, 즉 '창조'다.

창조란 뇌 속의 얽히고설킨 뉴런들이 시냅스의 도움으로 활발하게 연결되면서 발생한다. 시냅스는 사방으로 가지를 뻗고 가능하든 불가능하든 모든 종류의 연결을 시도하여 아주 멀리 떨어져 있는 것까지 하나로 잇는다.

서로 전혀 관련이 없던 것들이 하나로 이어지면 새로운, 비범한, 놀라운 생각이 떠오른다. 알을 낳는 북극곰이 존재할 수도 있겠다는 상상도 가능해진다. 나는 그네에 앉아 그 생각들을 그저 지켜본다. 잠깐, 나라고? 나라는 존재는 여태까지 살아오면서 이루어진 복잡하면서도 응집된 신경의 연결이다. '나'는 말을 할 수 있지만, 지금 이 순간에는 그저 생각을 지켜보며 즐길 뿐이다.

나는 생각하는 능력을 스스로 창조해 내지 않았
다. 그것은 수백만 년 동안 수많은 과정을 거치며 발
생한 결과물인데, 너무 많은 것이 연관되어 있기 때문
에 어떤 목적이 있다는 인상을 준다. 그런데 우리가
살면서 겪은 모든 일, 주변의 모든 것을 종합해 보았
을 때 자연은 결과를 내는 것을 그다지 중요하게 여
기지 않는다. 그저 무작위로, 우연에 따라 밑그림을
그리고 실질적으로 무엇이 생명의 보존과 증식에 기
여하는지를 실험한다.

소수가 환경에 적응하여 살아남을 수 있음이 증명
되면 자연은 아무런 망설임 없이 나머지 다수를 버린
다. 이러한 사건이 발생하는 모든 단계에서 유동적인
혼돈이 존재하고, 거기서부터 확고한 질서가 만들어
진다. 그래서 곰곰이 돌이켜보아야 뭔가가 계획적으
로 구상된 것처럼 보인다.

나도 마찬가지다. 나라는 존재도 자연이다. 다만 이 세상의 모든 시간대를 경험한 자연의 진화와는 달리 나라는 인간의 진화란 짧은 시간 동안 생각의 내면적 본질의 밑그림을 그리고 다시 지우기를 반복하는 과정이다. 수천 가지 생각 중 계속 이어지는 것은 오직 하나다.

때로는 어떤 시냅스 하나가 더 오래, 더 끈질기게 연결되기도 한다. 그럴 때면 전혀 생각지도 못했던 아이디어가 갑자기 떠올라 구체적으로 전개된다. 큰 프로젝트를 위한 아이디어일 수도 있고, 작은 프로젝트를 위한 아이디어일 수도 있다. 어쨌든 훌륭한 내용이다. 그것은 어떠한 계시이자 영감이자 무無에서 발생한 영혼의 번득임이다. 그 아이디어가 떠오르기 전까지는 말 그대로 아무것도 없었다. 다만 그것을 현실화할 방법까지 함께 떠오르는 건 아니다. 아직은 그저 아이디어일 뿐이다.

나는 오랜 시간 도무지 풀 수 없었던 수수께끼와

새로 떠오른 아이디어를 연관 짓는다. 조금 전까지만 해도 전혀 관련이 없어 보이던 것들이 갑자기 연결된다. 어떤 사람들은 이런 일을 매우 쉽게, 습관적으로 한다. 그런 사람들을 우리는 천재라고 부른다.

　나에게 그네를 타는 여가 시간이란 정신이 매우 생산적으로 보내는 시간이기도 하다. 평소대로 일에 얽매여 있었다면 나는 지금 떠오른 생각과 아이디어를 절대 얻지 못했을 것이다. 눈앞에 있는 일을 처리하느라 다른 데로 생각을 돌릴 틈이 없었을 테니 말이다. 창의력을 얻고 싶다면 해야만 하는 일 말고 다른 일을 해야 한다.

　그네 위에서 보내는 여가 시간은 당황스럽고 혼란스러운 상황을 타개할 해결책이기도 하다. 오로지 나에게만 집중하는 시간 동안 여러 가지 고민과 문제를 이리저리 돌이켜보며 적절한 답을 찾을 수 있기 때문이다.

내가 가진 문제가 마치 구체적인 사물이라도 된 것처럼 머릿속에서 이리 돌려보고 저리 돌려보면서 모든 측면을 뜯어볼 수 있다. 무중력 공간에 있는 우주 비행사처럼 특정한 주제의 주변을 자유롭게 떠다니며 모든 각도에서 그것을 살피고 관찰한다. 그러다가 어느 순간 문제 해결의 실마리를 찾고 적극적으로 관여할 수 있는 지점을 발견한다. 그때부터 나는 그것에 열렬한 관심을 기울이고 '그 안에 무엇이 숨겨져 있는지'를 본다.

결정을 내려야 하는 순간에는 저울질을 해본다. 내가 이러한 혹은 저러한 결정을 내리면 어떤 일이 어느 정도의 확률로 발생할까? 나는 내 안에서 최상의 에너지를 방출하는 것이 무엇인지 그리고 내 세포의 발전소인 미토콘드리아가 활발하게 움직이도록 만드는 것이 무엇인지 감지하려고 노력한다. 이는 나의 관점에서 볼 때 문제를 올바르게 해결할 수 있으리라는 징조다.

나의 그네를 밀어주는 다른 사람들이 존재함으로써 여가 시간이 생기고 창의력이 촉진된다. 내 곁에 있는 사람을 알수록 마음이 평온해진다. 타인이 밀어주는 그네에 몸을 맡길 때 생기는 마음의 여유는, 혼자 발을 굴러 날아오를 때와는 다른 영감을 준다. 우리는 이야기를 나누고, 우리가 나누는 대화는 두 사람 모두에게 자극이 된다. 말로 뱉어진 것들은 잠자고 있던 에너지를 흔들어 자극하고, 그 진동은 다시 말로 내뱉어진다. 그 내용은 흥미롭고 서로의 호기심을 유발하기도 한다.

대화를 나누는 우리 사이에서, 우리 내면에서, 우리 머리 위에서 반짝이는 공기가 영감의 구름으로 응축되고 거기서부터 충동이 비처럼 쏟아진다. 그러는 사이 시냅스들이 격렬하게 움직이며, 우리가 대화를 나누지 않았다면 결코 빛을 보지 못했을 생각들을 떠오르게 만든다. 이러한 과정이 출산과 비슷하지 않은가? 소크라테스 또한 그렇게 생각했다. 소크라테스는 출산을 돕는 산파처럼 대화를 통해 사람들이 생각을 낳도록 돕고자 했다.*

한 단어가 다른 단어로 이어진다. 에너지가 오고 가며 그네를 타듯 점점 높아진다. 그러다가 곧 뚝 부러질 것 같은 긴장감이 발생한다. 그럴 때면 대화 중이던 사람들은 위험을 감수해야 한다. 막연한 말들을 늘어놓으며 진지하지 않은 농담을 이어갈 수도 있다. 그러다가 평소와 같은 사고방식을 깨뜨리는 독특한 아이디어가 툭 튀어나오기도 할 것이다. 그런 일이 일어나면 매우 반갑다.

나와 대화 상대는 서로 번갈아 가며 실을 잣듯이 대화를 이어간다. 내가 물레를 돌리면 상대방이 그것에 자극받아 물레를 이어서 돌린다. 상대방의 질문에는 나의 대답이 필요하다. 대답은 생각할 틈 없이 저절로 튀어나온다. 나는 그 대답을 나중에 다시 곱씹

---

* 소크라테스의 산파술은 스스로 지혜를 제시하지는 않으나 다른 사람들이 새로운 지혜를 낳도록 돕는 대화법이다.

을 뿐이다.

상대방은 자신의 통찰력과 건조한 농담으로 나에게 깊은 인상을 남긴다. 나는 그가 나를 전적으로 신뢰한다는 사실에 자극받아 그에게 굉장한 것들을 주고, 지금까지 말한 내용 이상으로 대담한 행동에 나선다. 이러한 사실이 나를 더욱 놀라게 만든다. 예기치 않게 새로운 방향으로 창문이 활짝 열린 것 같은 기분이다. 그러면 여태까지 본 적 없는 가능성들이 눈앞에 펼쳐진다.

그것은 생생한 생명력과 신선한 아이디어로 가득한 경이로운 상태이자 모는 깃이 뒤죽박죽으로 섞인 혼돈이다. 내 주변의 많은 것이 다양한 방식으로 서로 연결되면서 더 이상 질문을 던질 수조차 없을 것 같은 인상을 주는 의미의 경험을 제시한다. 그것들이 얼마나 의미 있는 조화를 이루는지를 목격하면 아주 기쁘다.

모든 것이 서로 연관되고 이어져 있는 것처럼 보인

다. 본질적이라고 느껴지는 것을 통해서 가는 방법보다 의미에, 충만한 감각에 도달하는 더 가까운 길은 없다. 모든 것을 관통하고 모든 것을 서로 연관 지어 하나로 묶고 다시 되살리는 에너지가 생생하게 느껴진다. 그네를 타듯 대화가 오고 가는 걸 경험하고서야 나는 휴대폰이 왜 그토록 불충분하게 느껴졌는지 깨닫는다. 전화통화로는 서로 에너지를 주고받을 수 없다. 사람이 타고 발을 구르지 않으면 그네는 그저 흔들리며 매달려 있을 뿐, 앞뒤로 움직이지 않는 것처럼 말이다.

에너지는 어떤 형태로 나타나든 가능성과 잠재력이 가득 담긴 연못이 된다. 창의적인 사람은 그 연못에서 자신의 아이디어를 끌어낸다. 에너지의 본성이란 모든 유한한 존재와 사물을 무한히 초월하는 것이다. 그러므로 흐름이나 무아지경 같은 에너지가 충만한 경험은 초월적인 경험이라 할 수 있다.

무아지경trance의 어원인 라틴어 트란시레transire는 '건너가다'라는 뜻이다. 즉 말하자면 전환이다. 더 자세히 설명하면, 그네를 타듯이 움직여 다른 상태로 전환하는 것이다. 여기서 다른 상태란, 가능성과 잠재력 등이 집약되어 나라는 자아가 에너지의 바다에 동화되도록 만들어주는 것을 말한다.

존재하는 모든 것을 있는 그대로 받아들이고 그것들과 조화를 이루면 분위기가 형성된다. 인간적인 측면에서는 보편적인 사랑이라는 감정이나 우주와 연결되는 느낌, 혹은 종교적인 경험의 전형적인 특징일 수 있다.

너무 비현실적인 환상과도 같은 말인가? 하지만 실제로 그렇다. 존재는 끊임없이 에너지로 넘쳐나게 된다. 불길한 에너지가 아니라, 널리 알려졌거나 알려지지 않은 모든 에너지의 형태가 편재하기 때문이다. 누구나 어두운 겨울이면 그리워지는 햇빛의 형태로 나타나는 어떤 에너지를 경험한 바 있으리라. 말 그대로 인간의 체내에서 구체화되는 형태란 그런 에너지다.

인간이 섭취하는 모든 음식은 우리가 모르는 사이 결국에는 태양 에너지로 되돌아간다. 모든 자아는 본질적으로 빛으로 이루어진 몸을 갖고 있다. 낭만적인 표현이 아니라 객관적인 사실이다.

이런저런 생각을 하다 보니 시대를 초월한 것 같은 감각이 내 안에 퍼진다. 이런 감각은 계속해서 이어질 수 있다. 그럼에도 현실에서는 시간이 흐른다는 사실이 나를 피로하게 한다. 시간이 흐른다는 건 타인이 점점 쇠약해진다는 것, 바로 나의 아내가 눈에 띄게 안 좋아지고 있었다.

아내의 팔에서 점차 힘이 빠지는 과정을 보면서 나는 시간이 속절없이 흐르고 있다는 걸 실감한다. 내 양팔에서도 마찬가지로 서서히 힘이 빠진다. 나는 피로감에 휩싸인다. 아무런 노력도 하지 않는 상황 자체에도 피로해진다. 어쩌면 이러한 상태에 빠진 게 다행인지도 모른다.

삶의 그네는 흐름의 역동적인 파도 혹은 무아지경의 부드러운 물결이 언젠가 평범하고 일상적인 삶의 백사장에 도달하도록 만든다. 그렇다고 그네가 멈추는 것은 아니다. 앞뒤로 신나게 움직이던 그네의 양극이 이제 더 뚜렷하게 느껴진다.

더 높은 곳을 향해 발을 굴러야 한다는

압박을 내려놓을 때

비로소 생각은 자유롭게 날아오른다.

과제나 목표 없이 현존하는

그 자체의 아름다움을 만끽하는 것이야말로

삶의 진정한 흐름이며,

그네를 밀어주는 소중한 사람들과의 관계는

이러한 평온한 시간을 가능하게 하는

든든한 기반이 된다.

발을 구르지 않으면 움직이지 않는 그네처럼,

관계 또한 직접적인 온기를 주고받을 때

모든 존재가 하나로 연결되며,

삶의 의미가 되살아나는

충만한 감각을 경험하게 된다.

본질에 도달하는 가장 가까운 길은

무언가가 되려는 노력이 아니라

지금 이 순간의 생생한 연결과 존재의 즐거움 속에

오롯이 머무는 일일 것이다.

유영 —————————————————————

삶이 가는 대로 따라가기

나도 모르게 하품이 나 입이 쩍 벌어진다. 그네 타기는 순수하게 재미있지만 계속 재미만 느끼다 보면 어떻게 될까? 쉽고 가볍게 즐길 수 있는 게 그네의 본질이지만, 그네를 계속 타다 보면 슬슬 힘들어진다. 처음에는 휴식이자 여가였던 것이 점점 부담과 스트레스로 변하는 것이다.

　그네 타기는 섹스와 비슷하다. 가장 아름다운 형태의 에너지 소모가 어느 순간 완전한 피로로 바뀐다.

아주 신나고 흥미진진하던 것이 이제 더 이상 재미있지 않다. 어떤 대상 때문에, 누군가 때문에 그렇게 되는 것이 아니다. 그건 그냥 일어나는 일이다. 신체적으로 피로가 몰려오고, 즐거운 기분만 느끼다 보니 정신적으로 마비되고, 시냅스들이 더 이상 매끄럽게 연결되지 않으니 머리가 멍해진다. 톡톡 튀던 아이디어도 생동감을 잃기 시작한다.

흐름의 변화가 일어나는 셈이다. 이는 그네가 높이 올라갈 때 마치 '부스터를 단 것처럼' 머릿속에서 아이디어가 발생하도록 만들었던 여러 신경전달물질과 관련이 있다. 도파민, 세로토닌, 노르아드레날린, 신체에서 분비된 엔도르핀. 스스로를 마취시키던 것들로 가득 차 있던 저장 공간이 시간이 지나면서 점점 비어가고 고갈된다. 그런 물질들이 줄어들수록 다시 생성하는 데 걸리는 시간이 길어진다.

어떻게 해야 할까? 이 침체기를 받아들여야 할까? 어디서 새로운 자극을 찾을 수 있을까? 이제 재미있

고 즐겁기보다는 욕지기가 치밀어 오르는 현실에 어
떻게 대처해야 할까? 그네를 타고 높이 날아올랐다
가 급격하게 떨어져서일까? 자극과 재미가 사라져도
살아갈 의미가 있을까?

호르몬은 필연적으로 해석학hermeneutics과 연관이
있다. 호르몬으로 인해 발생하는 여러 가지 일을 파
악하려면 해석학이라고도 할 수 있는 정신적인 해석
의 기술이 필요하다. 조금 전까지만 해도 나는 인생이
그네를 타고 높이 올라갔을 때처럼 신나고 아름답다
고 생각했다. 그런데 호르몬 수치가 감소하니 인생이
란 슬픈 사건이며, 더 이상 기쁜 일은 없다는 생각이
점점 부풀어 오른다. 기쁨이 슬픔에 잠식당한 것이다.
모든 것은 절망으로 변했고, 개선의 여지나 희망 따
위는 없다. 컵은 반이나 비었고 점점 더 비어간다. 그
런데 이러다가도 곧 상황이 그렇게 나쁘지만은 않다
는 기분이 든다. 예기치 않게 기회의 문이 열릴 것이

고, 낙관할 근거도 있으며 컵은 반이나 차 있고 점점 더 차오를 것이라는 생각이 든다. 이렇게 높이 올라가는가 싶다가 또다시 가장 낮은 곳으로 내려가면 모든 것이 무의미하다 느낀다. 얼마 지나지 않아 찬란한 전망이 보이는 낙관주의의 정점까지 올라간다. 왔다 갔다 지겹게 반복된다. 아아, 인생이란!

삶이란 관점과 관점 사이에서 그네를 타듯 움직이는 일이다. 특히 사랑에 빠지면 그런 경험을 하기 쉽다. 사랑에 빠지면 호르몬이 왕성하게 분비되면서 행복감이 차오른다. 달콤한 말도 쉼 없이 속삭인다. "우리는 영원히 함께할 거야." 그런데 호르몬이라는 물질에 기반을 둔 감정이 점차 옅어지면 더 이상 사랑을 입에 올리지 않고, 심지어는 속았다고 느낀다.

여기에 반박할 수 있는 진실이 있는가? 아니면 그저 상황에 따른 해석일 뿐인가? 해석학의 중요성을 충분히 인지한 상태에서 순간순간 폭발적으로 증가

하는 애정이나 갑자기 감소하는 호르몬이 애정 관계에 영향을 미치지 않도록 조율할 수 있는 사람은 거의 없다. 내가 이렇게 말할 수 있는 데는 한 가지 이유가 있다. 나 스스로가 사랑이라는 감정을 아주 가치 있고 숭고하며, 결코 놓치고 싶지 않다고 생각하기 때문이다.

사랑은 바흐의 〈바흐 칸타타〉처럼 친밀하고 두 사람이 공명할 수 있는 것이어야 한다. 다 카포da capo*에서 시작하여 애드 인피니텀ad infinitum**이 되면 가상 바람직하다. 그런데 나는 아주 오래전부터 연인과 함께 있을 때 신나고 기분이 좋다가도 갑자기 짜증이 치미는 스스로의 변화를 감당하지 못하고 있었다.

왜 그런 급격한 변화가 일어나는 걸까? 긍정적인 에너지가 완전히 연소된 것일까? 혹은 오늘만, 아주 잠시만 그런 기분이 드는 것일까? 감정이 옅어진다는

* '처음부터 다시'라는 뜻
** '끝없이'라는 뜻

건 관계 자체에 문제가 있다는 신호인 걸까?

나는 대체로 쾌락주의자였고, 아내는 가끔씩만 그랬다. 솔직히 말하면 나도 가끔씩만 쾌락주의를 지향했다. 매번, 매 순간 쾌락주의자로 사는 건 매우 지치고 피곤한 일이니까. 하지만 그 사실을 순순히 인정하고 싶지 않았다. 그런 나에게 사랑의 다양한 단계를 해석하는 것이 얼마나 중요한지를 자세히 알려준 사람이 아내였다.

모든 마법 같은 사랑에 환멸을 느낄 때가 있지만, 마법 같은 시간은 언제든 다시 돌아올 수 있다. 삶은 다양하게 해석되는 여러 단계 사이를 그네처럼 오가며, 사랑도 삶과 함께 움직인다. 그래서 우리는 가끔 공중에 붕 떠 있는 것 같은 기분을 느끼는 게 아닐까? 그것이야말로 그네를 탈 때 느낄 수 있는 기분이다.

그런 기분을 견뎌야 할까? 한 가지 관점, 바람직하게는 가장 좋은 관점을 굳건하게 지속하고 확립할 수는 없을까? 하지만 그것은 남의 그네를 밀어서 그 사람을 가장 높은 위치에 단단히 묶어두려는 것과 같다. 아래에 있는 사람들이 보기에는 꽤나 우스운 모습이자 경찰서나 소방서에 신고할 일일 것이다. 그럼에도 많은 사람이 그런 시도를 하기 위해 삶의 그네에 온 힘을 쏟는다. 그러나 결국 삶을 고정하는 데 성공하지는 못한다. 다만 모든 것이 완벽하고 인생이 항상 최고점에 도달해 있는 것처럼 행동해 스스로와 다른 사람들을 속일 수는 있다. 다시 낮은 곳으로 내려오기 전까지는 말이다.

한 단계에만 고정되어 있는 세계관이란 안정적이지 않다. 삶의 이동성을 전혀 고려할 수 없기 때문이다. 그네처럼 움직이는 세계관이 오히려 더 안정적이다. 이리저리 움직이는 삶을 다양한 관점에서 바라보고 매번 다르게 혹은 모순적으로 해석할 수 있으며 그 해석을 증명할 기회를 얻을 수 있기 때문이다.

어쨌든 지금 이 순간의 나는 그네 타기가 전혀 재미있지 않다. 삶은 변화와 다양성을 원하는데, 현재 내가 처한 상황에서는 그네 타기 자체를 견딜 수 없어져야 그것들을 손에 넣을 수 있다. 물론 창의적인 순간이 있다면 지루함은 오래가지 않는다. 사실 지루함이란 내가 더 이상 어떻게 채워야 할지 모르는 공허함일 뿐이다. 자꾸만 그네를 멈추고 내리는 것이 최선이라는 생각이 든다.

지금 그네에서 내리더라도 언젠가 다시 그네를 탈 수 있을 것이다. 뭔가 다른 일이 가능할 것이라는 생각이 밀려들지만 다른 일을 하려면 지금처럼 편안하게 그네에 앉아 흔들리지 못한다. 그런데 한편으로는 그네를 탄 채 계속 움직이고 있어야만 구체적으로 어떤 것인지 명확하지 않은 상태에서도 그 다른 일이 무엇인지 드러난다.

가장 높은 곳에서 짜릿한 긴장감과 환희를 맛보았던 우리 삶은 에너지가 방전된 채 다시 가장 낮은 곳으로 내려간다. 그네를 타는 동안에는 꿈이 끝없이 이어지고 시간 감각이 사라진다. 그러나 아무리 훌륭한 경험을 했을지라도 시간은 다시 돌아온다. 정확하게 말하면 실제로 시간은 사라진 적이 없었기 때문에 다시 시간을 인식해야 한다는 사실을 직면한다.

나는 잠시 동안 주의를 딴 데로 돌리는 방법을 찾아야겠다는 유혹을 느낀다. 스마트폰을 어디에 뒀더라? 이제 슬슬 메시지도 열어보고 뉴스 화면을 하염없이 스크롤해야 할 때가 아닌가? 대체 지금이 몇 시지? 오늘 중요한 약속이 있지 않았던가? 남은 하루 일정 중 절대 미룰 수 없는 것들을 처리하려면 시간을 조정해야 한다. 할 일이 너무 많이 남아 있으면 하루가 끝나기 전 십오 분까지도 전부 활용해야 한다.

더 이상 현실의 생활로 돌아가기를 미룰 수 없다. 그것 또한 그네 타기에 속하기 때문이다. 이제는 슬슬 그네에서 내려야 할 때다.

열정이나 흥미가 식어가는 것은
누군가의 잘못이 아니라 자연스러운
흐름의 변화이자 생물학적인 과정이다.
마법 같은 사랑이 환멸로 변하는 순간조차
영원한 끝이 아니라 삶이 다른 방향으로
이동하는 리듬의 일부임을 받아들여야
다시 마법 같은 사랑을 만날 수 있다.
하나의 단계에만 고정된 세계관은
삶의 역동성을 담아내지 못해 위태로워진다.

오히려 삶의 변화를 인정하고
상황을 다각도로 해석하는 유연한 태도가
우리의 삶을 더 안전하게 지켜준다.
더 이상 그네 타기에 즐거움을 느끼지 못해
내려오더라도 언젠가 다시 기쁘게
그네에 오를 것임을 믿으며,
인생이 흘러가는 대로 몸을 맡기는
유동적인 태도를 가질 때
비로소 진정한 자유와 안정을 만날 수 있다.

해방

삶에서 뛰어내리기

그네를 타려면 엉덩이에 힘을 주고, 무릎을 구부
렸다가 펴기를 반복해야 한다. 계속 추진력을 가하
지 않으면 그네의 진자 운동은 약해진다. 바닥이 점점
가까워지고 현실이 다시 나를 붙잡는다. 그리고 나
는, 아내가 더 이상 그곳에 서 있지 않다는 사실을 깨
닫는다.

　아내는 완전히 떠났다. 내가 일을 마치고 집에 돌
아올 때면 언제나 환한 미소로 맞아주었는데, 이제는

그러지 못한다. 앞으로 나에게 남은 시간 동안 결코 그럴 일은 없다. 아내가 나와 아이들에게 보냈던 아주 진지하고 슬픔이 가득한 마지막 시선은 떠나고 싶지 않다고 말하고 있었다.

아내는 우리에게 삶의 작은 기쁨부터 압도적인 기쁨까지 전부 알려주었다. 아내의 가장 큰 걱정거리는 자신이 떠나면 나의 삶에서 기쁨이 사라지리라는 것이었다. 그건 나도 걱정이었다. 내가 어떻게 다시 기쁨을 찾을 수 있을까?

이미 모든 것이 존재하는 이 세상에서, 아름다운 것을 통해서 기쁨을 찾을 수 있을 것이다. 그런데 대체 그 아름다운 것을 나 혼자서 어디서 어떻게 찾는단 말인가? 아름다운 것은 아름답다는 사실 자체로 인식될 수 있다고 누군가가 말한 적이 있다. 훌륭한 정의다.

하지만 그보다 더 다양한 정의를 내릴 수 있지 않

을까? 어쩌면 아름다운 것은 우리에게 자극과 영감, 기쁨을 주고 긍정할 가치가 있는 것이기에 아름다운 지도 모른다.

나에게 가장 큰 기쁨을 안기는 건 무엇인가? 지금 그네를 타는 일 외에도 살면서 왔다 갔다 움직였던 모든 일이 그러하지 않은가? 당연한 말이지만 아이들, 친척들, 친구들, 일, 매일 카페에 가는 일(이것만은 도저히 그만둘 수 없다), 내가 떠나온 사랑하는 고향, 내가 살기로 결정한 제2의 고향, 이 세상의 다양한 문화와 유적 등을 보여주는 여행 등등 그 모든 게 기쁨이다. 그러나 내 삶에서 가장 아름다운 건 아내였다.

우리는 당연하게도 덜 아름다운 모든 것과 그것들을 상쇄할 수 있는, 셀 수 없이 많은 아름다운 것을 함께 경험했다. 삶이 나에게 준 선물 중 가장 훌륭한 것은 사랑하는 아내였다. 아내는 도무지 믿기지 않는 우연이자 신이 주신 숙명이자 행복한 운명이었다.

아내가 없었다면 나는 불행했을 것이다. 황홀한 그네 타기도 언젠가 끝나는 건 당연하지만, 이렇게나 빨리 끝이 찾아오다니. 우리의 시간은 너무나 짧았다. 아내는 겨우 쉰아홉이었다. 어쩌면 나는 관점을 바꿔 우리가 이미 사십 년 가까이 함께할 수 있었다는 것에 기뻐해야 하는 걸까?

현실의 모든 것은 유한하다. 그것이 바뀌지 않는 사실이라면 잠자코 받아들이는 편이 낫지 않은가? 나는 내가 처한 상황과 맞서 싸우고 싶지 않다. 정말 아름다웠으니까.

"아름다운 순간은 너무 짧아." 프랑스 가수 프랑시스 카브렐Francis Cabrel의 곡 〈돌아오는 새벽À l'aube revenant, 2020〉의 가사다. 단번에 이해되는 말이다. 다만 결코 사라지지 않을 것만 같은 앞으로의 행복한 시간만이 아름다운 건 아니다. 그보다 훨씬 긴, 서로 간의 친밀한 시간 또한 아름답다.

카브렐은 다 타버린 양초에 〈다 타버린 양초Les bougies fondues〉라는 제목의 곡을 바쳤다. 많은 사람이 잊을 수 없는 시간이라는 말을 들으면 촛불이 타오르는 낭만적인 이미지를 떠올린다. 그러나 타오르는 촛불도 언젠가는 꺼진다.

"비타 브레비스Vita brevis." 인생은 짧다. 그것이 얼마나 길든 말이다. 인생의 초반부로 다시 돌아가 생각하면 인생이 영원히 이어질 것만 같다. 그러나 인생의 후반부에서 돌이켜보면 아주 짧다. "아르스 롱가Ars longa." 예술은 길다. 작품은 계속 남는다. 예를 들어, 초라하게 다 타버린 양초 같은 짧은 순간을 노래한 가사는 작은 예술이라고 할 수 있다.

우리가 눈을 감은 후에도 삶은 계속될 것이다. 그렇게 이어지는 삶은 아주 큰 예술이다. 죽음은 이승에서 실현된 것과 현재 인생의 과업으로서 눈앞에 있는 것들을 모두 종결한다. 유일하게 바꿀 수 있는 것이 바로 해석이다.

그러나 정말이지 끔찍하고 한탄스럽게도 나에게 결핍된 것이 있으니, 바로 사랑하는 사람의 존재다. '도대체 아내는 어디에 있는 거지?' 내 안에서 계속 되풀이된 의문이다. 살면서 이렇게 많은 일을 겪음에도 불구하고 어떻게 삶을 즐길 수 있을까? 아내를 잃은 나는 결코 우리의 가장 아름다웠던 시절만큼 행복해질 수 없다.

나에게는 그저 평온한 순간의 기분 좋음과는 다른 종류의 행복이 필요하다. 한편으로는 살면서 불행한 일을 겪더라도 전반적인 충만함의 행복은 무너지지 않는다. 불행한 경험 또한 삶의 충만함의 일부로 이해할 수 있기 때문이다. 이것이 아마도 고대 그리스의 철학자들이 '에우다이모니아eudaemonia'라고 부르던 것이 아닐까?

에우다이모니아란 '좋은'이라는 뜻의 '에우eu'와 '영혼'이라는 뜻의 '다이몬daimon'을 합친 말로, '내면에 좋은 영혼을 갖추고 명랑하게 최선을 다하며, 그렇기 때문에 자기 자신뿐만 아니라 타인들에게도 베풀 수 있는 삶을 산다'라는 뜻이다. 이러한 행복으로 인해 느끼는 기쁨은 호르몬의 일시적인 급증에 좌우되는 기분 좋음과는 달리 오래 지속된다.

중요한 건 삶을 축제처럼 즐기는 일이다. 그런데 충만함의 행복이란 삶의 즐거운 측면을 즐기는 데만 뿌리를 두지 않는다. 삶의 모든 측면을 이해하고 받아들여야 한다.

우리 삶에 시간적인 한계가 있다는 견디기 어려운 사실을 직면한다고 해서 삶의 기쁨이 사라지지는 않는다. 시간적인 한계는 오히려 삶의 기쁨을 증폭시키는 요소로, 한계가 있어야 삶이 더욱 가치 있다. 이것은 아내가 마지막 순간까지 마음에 새기고 있던 가르침이기도 하다.

언젠가 죽어야 할 운명임을 항상 의식하면서도 삶의

기쁨을 잃지 말아야 한다. "메멘토 모리Memento mori"
죽는다는 것을 기억하라. 동시에 "카르페 디엠Carpe
diem" 오늘을 즐겨라. 잘 익은 과일인 것처럼 하루를
수확해라. 다시 말하지만 이것은 불행하고 불쾌한 날
이 있어도 그런 날들이 인생 전체의 즐거움에는 별 영
향을 미치지 않는다는 사실을 스스로 받아들일 수 있
을 때만 가능한 삶의 방식이다.

　삶은 매일같이 즐거운 일들과 불쾌한 일들 사이에
서 그네를 타듯 움직인다. 내가 같이 흔들리고 싶지
않거나, 그런 삶에서 벗어나고 싶다고 생각하더라도
어쩔 수 없다. 삶은 원래 그러하다.

　아내가 중요하게 여기던 여러 신념을 다시 돌이켜
보면 내 안에서 아내의 에너지를 느낄 수 있다. 아내
는 마치 커다랗고 빛나며 따뜻한 구름처럼 내 앞에,
손을 뻗으면 닿을 거리에 서 있다. 아내가 눈앞에 있
다는 위안으로 무장한 나는 실제로 그녀와 함께 인생

을 걸을 때 거의 항상 그랬던 것처럼 다시금 자신감이 차오른다.

나는 더 이상 불행하다고 생각하지 않는다. 오히려 사람들이 긍정적 혹은 부정적이라 해석하는, 삶의 반대되는 모든 것을 받아들일 준비가 되어 있다. 자기 확신과 회의감, 관대함과 인색함, 용기와 두려움, 영리함과 어리석음, 강인함과 부드러움. 경험상 내가 도무지 해결할 수 없었던 내면의 양극성 사이에서 그네를 타듯 왔다 갔다 움직이면 조금 더 잘 대처할 수 있다.

나를 귀찮게 하는 다른 사람 둘에게는 최대한 인내를 보여주려고 노력한다. 내가 그들에게 폐가 되는 순간에 그들도 똑같이 인내를 보여줄 거라 믿는다.

내가 이토록 다방면에서 노력하는 이유는 무엇인가? 이제야 깨달았다. 나는 지금까지 이 모든 것을 항상 아내와 나, 우리 두 사람을 위해서 해왔다. 그 이상의 이유가 있나? 모든 것에 이유가 있나? 물론 궁극적인 목적이 없는 일도 있으리라. 아내는 언제나 말했다. "모든 건 있는 그대로야. 그리고 나는 그게 뭔지 몰라."

삶은 그네를 타듯 움직이며 그 자체를 위해서, 그 자체를 목적으로 존재할 수 있다. 어쩌면 삶의 의미는 별다른 게 없는 것 아닐까? 그저 삶이 지속되는 동안 그것을 즐기고 축하하면 그뿐일지도 모른다. 그리고 그것이 끝났을 때 눈물을 흘리는 일인지도 모른다. 때때로 살면서 더 발전하기 위해 꾸준히 노력하는 일인지도 모른다. 자연 또한 이유를 묻지 않고 그렇게 하기 때문이다.

앞으로 어떻게 살아야 할지 스스로에게 몇 가지 질문을 던져야 할 때가 왔다. 여태까지 살면서 내 마음에 들었던 것은 무엇이고, 내 마음에 들지 않았던 것은 무엇인가? 무엇을 바꾸고, 개선하고, 더 발전시킬 수 있는가? 삶으로 다시 도약하기를 감행하고 일상으로 돌아갈 수 있을 만큼 나를 충족시키는 것은 무엇인가? 그네에서 내린다고 해서 삶의 기쁨을 얻기 위한 작은 기술을 연습하는 과정이 끝나지는 않는다.

그네가 바닥에 가까워지며 현실로

돌아가는 과정은 상실이 아닌 인생의 완성이다.

우리는 짧고 강렬한 환희의 순간뿐 아니라

훨씬 긴 친밀함의 시간 또한

삶을 지탱하는 소중한 아름다움이라는 걸 깨닫는다.

시간의 한계라는 피할 수 없는 진실은

삶의 기쁨을 앗아가는 것이 아니라

오히려 우리 삶에 진정한 가치와 의미를 부여한다.

끝이 있기에 모든 순간이

비로소 소중하다는 것을 깨닫고,

이 유한성을 인정할 때

우리는 시간에 쫓기지 않고 삶의 모든 궤적을

온전히 누릴 수 있는 자유를 얻는다.

그네에서 내려와 땅을 딛는 해방은

비상의 종료가 아니라

수많은 기쁨을 갈무리하고

삶의 무게를 받아들이는 과정인 것이다.

안착

일상으로 돌아가기

니는 땅으로 내려선다. 비행기와 달리 랜딩 기어가 없어 두 다리를 앞으로 쭉 뻗는 것만으로도 공기의 저항으로 착륙 속도를 늦춰 바닥으로 뛰어내려도 될 정도의 높이가 된다.

그네에서 바닥으로 뛰어내리는 건 제트기 조종사가 활주로에 부드럽게 착륙하는 것보다는 스카이다이버가 비틀거리며 땅에 내려앉는 것과 비슷하다. 파란 하늘로의 여행이 끝나면 긴급하게 처리해야 하는 일들, 꼭 해야만 하는 일들로 가득한 일상으로 돌아간다. 더 높은 곳으로 오를 수 있다는 가능성을 마주하고 나니 삶의 풍경이 온통 현실이라는 저지대만으로 가득한 건 아니라는 걸 깨달았다. 어쨌든 이제 현실로 복귀해야만 한다.

늘 현실에서 벗어나 살기란 불가능하다. 그러면 어차피 그 풍경이 현실이 될 테니 말이다. 자극적이고 매력적인 일들로 일상을 수놓으려는 시도 또한 모두 실패로 돌아갈 것이다. 일상이 되면 자극은 곧 줄어들게 마련이니까.

혼자 모든 걸 감당해야만 하는 현실이 이제는 나의 일상이 되었다. 누군가와 함께 나누던 삶의 무게를 이제는 오롯이 홀로 짊어져야 한다는 사실이 낯설게 다가오곤 한다. 오랜 시간 혼자가 아닌 게 당연하던 나에게는 쉽지 않은 과제다. 나보다는 아내가 훨씬 깊이 교류하던 타인들과도 이제는 혼자서 교류해야 한다.

서툰 대화와 어색한 미소 속에서 관계를 지속하려 애쓰다 보면, 문득 우리가 지향해야 할 인간관계의 도리에 대해 되묻게 된다.

우리는 얼마나 의견 차이가 있든 타인과의 관계를 쉽게 단절해서는 안 된다. 시적인 백일몽과 같은 말일 수도 있지만, 그것이 마법과도 같은 그네의 흔들림을 통해 더욱 힘을 얻는다. 한편으로 속세의 일상에서는 화합이라는 꿈이 가끔씩 물거품처럼 사라질 수도 있다는 담담한 통찰이 필요하다.

처음에는 사람들을 보편적으로 사랑할 수 있었지만, 그들은 너무나도 다양하고, 내가 이해할 수 없는 것을 좋아하거나 싫어하고, 내가 동의할 수 없는 의견과 관심사를 갖고 있다는 사실을 확인하고 나면 도무지 그럴 수 없어지기도 했다. 하지만 아내는 항상 모든 것을 이해하고 받아들였다. 나에게는 아주 어려운 일이었지만, 나는 어떻게든 다른 사람들과 잘 지내야만 했고, 그들도 마찬가지로 나와 잘 지내야 했다.

두 다리로 땅을 딛고 서니 무릎이 살짝 후들거린다. 어쩌면 우주비행사들이 우주에서 임무를 마치고 지구로 귀환했을 때 느끼는 감각이 이렇지 않을까. 무중력 상태에서 짜릿하고 즐거운 기분을 느낄수록 중력이 스트레스로 다가오리라.

우주에서부터 다시 지구상의 일상으로 돌아갈 가치가 있을까? 아득하고 고요한 무중력의 사유 속에서 내려다본 세상은 그저 작고 무의미한 점들의 집합처럼 보일지 모른다. 그러나 그 공허함 속에서 길을 잃지 않으려면 결국 발을 딛고 설 단단한 땅이 필요하다. 일상은 적어도 내가 지금 당장은 붙잡을 수 없는 현실을 보장해 준다.

현실이란 실현하기가 너무 어려워서 매일 새로워질 수 없는 것이다. 그래서 현실이란 저절로 발생하는 똑같은 일들이 영원히 반복되는 곳이며 지속적인 문제와 돌봄, 만남, 짜증 나고 힘든 일, 이미 익숙한 규칙성,

좋거나 나쁜 습관, 자주 하는 일로 가득한 곳이다.

어떤 일을 마무리하든 모든 것이 다시 처음부터 반복되고, 가만히 놔두면 결코 끝나지 않는다. 그네를 탈 시간을 확보하려면 우선 고지서를 확인해서 각종 요금과 세금을 납부하고, 빨랫감을 세탁기에 넣고, 다 돌아간 식기세척기를 비워야 한다. 게다가 저녁 준비도 잊어선 안 된다.

그러니 삶을 사실상 '시시포스의 바위'라고 생각해도 모자람이 없다. 매일 같은 무게의 고단함을 짊어지고 비탈길을 오르는 행위 자체가 삶의 본질인지도 모른다. 알베르 카뮈Albert Camus가 말한 것처럼 시시포스를 행복한 사람이라고 생각해야 할까? 시시포스가 받은 형벌처럼 반복적인 일을 해야 하는 일상은 오늘 굴려 올린 바위가 내일 다시 굴러떨어지리라는 단순한 사실을 받아들이면 훨씬 쉬워진다. 헛된 기대를 버리고 그 반복 자체를 삶의 리듬으로 인정할 때, 비로소 우리는 짓눌리는 대신 바위와 함께 걷는 법을 배우게 된다.

일상에 더 적극적으로 나서고 기꺼이 그 패턴에 맞춰간다면 스트레스가 덜 쌓일 것이다. 일상적인 일들을 거부하고 미루는 데 모든 힘을 소비하지 않는다면 일상이 충족해진다. 극작가 카를 발렌틴Karl Valentin은 이를 비에 비유했는데, 그의 말을 의역하면 이렇다. "나는 일상에 만족하며 행복하다. 내가 행복하지 않더라도 일상은 여전히 존재하기 때문이다."

일상을 긍정하려면 우선 그것을 평범한 경험과 특이한 경험 사이에서 오가는 삶이라는 그네의 일부로 인정하고 봐야 한다. 여러 경험 사이를 오갈수록 움직임은 계속 이어진다. 일상에서 어느 정도의 짜증과 분노가 발생하는지를 파악하고 받아들인다면, 기쁨과 분노 사이에서 그네를 타듯 오가는 일 또한 살면서 누구나 겪는 정상적인 과정이라고 이해할 수 있다.

일상적인 평범함에서 벗어났더니 이제는 더욱 일상

에 가까워졌다. 나는 더 이상 일상을 강요된 규범으로 볼 필요가 없고, 오히려 삶에 도움이 되는, 스스로 선택한 형태로 볼 수 있다. 나는 힘과 노력을 절약할 수 있는 자연스러움과 마치 고향에 있는 것 같은 친숙함을 주는 일상의 평범함에 감사한다.

사람들은 코로나바이러스가 한창이던 시기에 일상의 평범함을 되찾기를 갈망했다. 평범한 일상이 주는 기쁨은 그것이 결여된 채 살아야 하는 사람들에게 가장 절실하게 느껴진다. 하지만 인간의 마음은 너무나 긴사해서, 결핍이 해소되고 평온이 돌아오면 어느새 그 익숙한 리듬을 권태로 느끼기 시작한다.

물론 일상의 평범함이 때때로 우리를 억압하고 숨막히게 만들기도 한다. 변화 없는 매일이 마치 창살 없는 감옥처럼 느껴질 때도 있다. 그러나 비정상적인 일들이 홍수처럼 삶에 범람하기 시작하면 남아 있는 평범함이 우리에게 구원의 섬이 된다. 삶에 도움이 되는 평범함을 잘 돌보고 유지하며, 낡은 것이 무너졌을 때 새로운 것을 만들어내는 일이 삶의 지혜다.

평범한 일상이 도움이 되는 건 어려운 시간뿐만이 아니다. 오히려 평온한 시기에 삶의 불필요한 군더더기를 덜어내고 본질에 집중하는 태도가 우리를 더 단단하게 만든다. 쓸데없이 투쟁하며 에너지를 허비하는 대신 꼭 필요한 일, 꼭 필요한 것에만 집중한다면 중요한 일이 발생했을 때 언제든 발휘할 힘이 남아 있을 것이다.

일상이라는 테두리의 안정성은 우리가 하는 크고 작은 일들을 실현할 수 있는 공간이 된다. 새로운 아이디어를 일깨우고 지평선 너머로 환상적인 가능성이 보이도록 만든 그네 타기를 끝마치면 이제 '땅으로 내려와서' 그것을 실천할 차례다.

무사히 바닥으로 내려왔으니, 그네를 타면서 머릿속에 뒤죽박죽으로 맴돌던 생각들을 차근차근 순서대로 정리해야 한다. '지금은 이 일을 먼저 하고, 그

다음에는 저 일을 해야지'라는 식으로 시간 순서대로 정리해야 모든 것을 금욕주의에 따라 현실화할 수 있다.

언제, 어떻게, 어떤 방식으로 실천해야 하는지, 실천을 방해하는 요소는 무엇이며 현재 중요한 것은 무엇인지 꼼꼼하게 살피고 따져보는 일을 피해서는 안 된다. 근본적이고 파격적인 변화는 다른 어떤 곳도 아닌 평범한 현실에서부터 시작된다.

일상은 말하자면 삶과 사랑과 일의 정상을 향한 여정의 베이스캠프다. 일상을 기본이자 근본으로 받아들이는 태도를 가져야만 다른 일을 위해 일상에서 잠시 벗어날 수 있게 된다. 가까운 사람과의 관계에서 일상을 받아들이면, 예를 들어, 음식, 꽃, 옷, 성애 같은 아름다운 것이나 일상의 제한된 경계를 뛰어넘는 획기적인 시도 덕분에 다양한 변화를 경험할 수 있다. 반복되는 하루의 틀 안에서도 우리는 끊임없이 변주를 시도하며 관계에 생동감을 불어넣는다. 장기적인 관계에서도 항상 촛불을 새로 켜고 인생의 모든 측면을 함께 즐길 수 있다. 아내는 이러한 삶의 방식을 터득한 사람이었다.

그런데 삶이 끝나면, 그네는 어떻게 될까? 인생에서 가장 마지막으로 그네에서 내리고 나면 무슨 일이 벌어질까? 죽은 후의 인간이 어떤 일을 경험하고 어떤 모습으로 변하는지는 아무도 모른다. 다만 삶과 죽음이란 깨어남과 잠듦의 상태를 그네처럼 오고 가는 자연의 다른 모든 것과 마찬가지라는 점을 암시하는 정보가 많다.

겨울에는 땅속으로 사라졌던 것들이 봄이 되면 다시 깨어나고 나타난다. 물론 다시 돌아온다는 점이 인생과는 다르다. 그러나 서로 형태는 다르더라도 같은 힘에 기반을 두고 있다.

인간이라고 다를 게 무엇인가? 모든 구체적인 것

과 추상적인 것 그리고 그 사이에서의 그네 타기는 포괄적인 에너지 영역에 숨겨져 있을 가능성이 매우 높다. 나는 더 정확하게는 설명할 수 없는 그 무한한 광대함 속에 아내가 잠들어 있다고 생각한다. 아내는 죽기 전에 나에게 이런 글을 남겼다.

"나는 말로는 설명할 수 없는 땅에서 왔어. 그리고 그곳으로 다시 갈 테지. 당신은 거기서 나를 언제든, 영원히 찾을 수 있어."

나는 이 글을 몇 번이고 다시 읽었다. 정말로 아내를 언제든 찾을 수 있다는 안도가 들었다. 그 덕분에 나는 인생을 즐기는 작은 기술을 다시 연습할 수 있다. 그네를 타며.

높이 날아올랐던 비행을 끝내고
땅으로 내려 서는 안착은 현실로의 복귀이자,
반복되는 의무와 일상조차 인생이라는 거대한
그네의 일부로 수용하는 과정이다.
지루하다 여길 수 있는 기쁨과 슬픔의 반복도
그네의 움직임처럼 자연스러운 원리로 받아들일 때,
현실의 무게를 견디고 다시 땅을 딛고 설 수 있는
내면의 지지력이 생긴다.

겨울이 지나면 다시 생명이 깨어나는 자연의 순리처럼

인생도 형태를 바꾸며 면면히 이어지기에,

현실로의 복귀는 비상의 끝이 아니라

삶의 모든 경험을 하나로 모으는 완성품이다.

현실이라는 땅 위에 발을 내딛고

묵묵히 걸어가는 것이야말로 인생이라는 긴 여정을

가장 아름답게 완결 짓는 인생 기술이다.

삶으로 다시 날아오르기

1판 1쇄 발행 2026년 3월 16일
1판 2쇄 발행 2026년 4월 16일

지은이 빌헬름 슈미트
옮긴이 강민경

펴낸이 김봉기
출판총괄 임형준
편집 안진숙
교정교열 김민영
디자인 엄혜리
마케팅 선민영, 조혜연, 임정재

펴낸곳 FIKA[피카]
주소 서울시 강남구 테헤란로 26길 14, 5층
전화 02-3476-6656
팩스 02-6203-0551
홈페이지 https://fikabook.io
이메일 book@fikabook.io
등록 2018년 7월 6일(제2018-000216호)

ISBN 979-11-93866-49-8 03100

피카 출판사는 독자 여러분의 아이디어와 원고 투고를 기다리고 있습니다.
책으로 펴내고 싶은 아이디어나 원고가 있으신 분은 이메일 book@fikabook.io로 보내주세요.